da NAVALHA
ao BERIMBAU

da NAVALHA ao BERIMBAU

Capoeira e Malandragem no Rio de Janeiro

Jorge Felipe Columá

Todos os direitos reservados © 2020

É proibida qualquer forma de reprodução, transmissão ou edição do conteúdo total ou parcial desta obra em sistemas impressos e/ou digitais, para uso público ou privado, por meios mecânicos, eletrônicos, fotocopiadoras, gravações de áudio e/ou vídeo ou qualquer outro tipo de mídia, com ou sem finalidade de lucro, sem a autorização expressa da editora.

Dados Internacionais de Catalogação na Publicação (CIP)
(Câmara Brasileira do Livro, SP, Brasil)

C726n	Columá, Jorge Felipe
	Da navalha ao berimbau: capoeira e malandragem no Rio de Janeiro / Jorge Felipe Columá - São Paulo: Arole Cultural, 2020.
	Bibliografia
	ISBN 978-65-86174-05-2
20-40300	1. Capoeira (Luta) 2. Capoeira (Luta) - Aspectos sociais 3. Capoeira (Luta) - História 4. Capoeira (Luta) - Rio de Janeiro - História 5. Simbolismo na música I. Título.
	CDD 796.8198153

Índices para catálogo sistemático:

1. Rio de Janeiro: Capoeira: História: Esportes 796.8198153

Cibele Maria Dias - Bibliotecária - CRB-8/9427

*A rua faz as celebridades e as revoltas,
a rua criou um tipo universal,
tipo que vive em cada aspecto urbano,
em cada detalhe, em cada praça,
tipo diabólico que tem dos Gnomos
e dos Silfos das florestas,
tipo proteiforme, feito de risos
e de lágrimas, de patifarias
e de crimes irresponsáveis,
de abandono e de inédita filosofia,
tipo esquisito e ambíguo
com saltos de felino
e risos de navalha,
o prodígio de uma criança
mais sabida e cética
que os velhos de setenta invernos,
mas cuja ingenuidade é perpétua,
voz que dá o apelido fatal aos potentados
e nunca teve preocupações,
criatura que pede
como se fosse natural pedir,
a calma sem interesse,
e pode rir, francamente,
depois de ter conhecido
todos os males da cidade,
poeira d'ouro que se faz lama
e volta a ser poeira (...)*

João do Rio

Agradecimentos

Aos meus camaradas, que nunca me deixaram na mão. Laroiê meus compadres!

Ao povo de Aruanda, por me protegerem e conduzirem meus passos.

À minha mãe, Hélia Fonseca Moreira, minha amiga companheira e principal incentivadora, te amo. Até um dia!

Ao meu pai, José Moreira, o amigo certo de todas as horas, muito obrigado por tudo que fizestes por mim nessa existência, saudades eternas.

À minha esposa, amante, companheira e amiga. Simone, sem você eu não teria conseguido chegar até aqui, espero sempre poder merecer sua companhia, você é a mulher da minha vida!

Às minhas filhas, Samara e Maria Clara, vocês são a luz que ilumina meu caminho, a razão da minha tentativa de aperfeiçoamento material e espiritual.

Ao meu irmão, José Helio (sempre presente, me perdoe por não ter lhe compreendido nesta vida). Te amo, Delo!

À professora Nilda Teves Ferreira, por me fazer acreditar no meu potencial. O educador é aquele que educa para a vida, a senhora fez muito mais, me ensinou a enxergar a vida e as vidas que nos cercam. Te amo muito!

À Mãe Ana de Oxum, muito obrigado pelo carinho e atenção ao seu filho. Axé!

Aos Mestres Milton, Celso, Bira e Camisa, que me ensinaram a "mandinga de bater com o pé". Sigo hoje o caminho que vocês me mostraram. Axé!

Aos mestres e professores, que me deram a honra das entrevistas transcritas neste livro.

Aos meus alunos, que me inspiram sempre na busca do conhecimento.

Sumário

Prefácio 11
    A Volta do Mundo, Camará! 11
Apresentação 15
Introdução 19
Nas Pistas da Malandragem 23
    2.1 Trabalhar para quê? A formação do mercado de trabalho livre no Brasil 26
    2.2 Os imigrantes e o paraíso nos trópicos 36
    2.3 Sem lenço e sem documento: exclusão e repulsa dos livres ao trabalho formal 40
    2.4 Chegando ao Rio de Janeiro 44
    2.5 Do Império à República: rasteiras e navalhas na capital do Brasil 50
    2.6 Sampaio Ferraz: o cavanhaque de aço 62
    2.7 Capoeiras e revoltas: O Rio de Janeiro de Pereira Passos .. 66
    2.8. Povo da Lira: Bambas, Malandros e Capoeiras do Rio Antigo 75
        2.8.1. A construção da imagem do malandro 81
    2.9 Das ruas ao ringue: os caminhos da desportivização da capoeira 94
        2.9.1 Mestre Bimba e Mestre Pastinha: os baluartes da capoeira moderna 100
Os Imaginários Sociais em Bronislaw Baczko 107
Deixa o Berimbau Falar, Deixa o Berimbau Dizer 119
O discurso dos mestres e professores de capoeira 119
    4.1 O Berimbau 120
    4.2 O ritual 126
    4.3. Axé, Mandinga e Dendê 137
    4.4 Retórica corporal e marcas da malandragem na capoeira 149

4.4.1 A capoeira do meu tempo 149
4.4.2 A capoeira "Hoje em dia" 159
Considerações Pós Volta ao Mundo 193
Referências Bibliográficas 205

Prefácio

A Volta do Mundo, Camará!
por Nei Lopes, Sambista e escritor

Na história das tradições brasileiras originárias do centro-oeste africano, de onde proveio 2/3 da mão escrava explorada no Brasil, a capoeira é certamente a que cumpriu e vem cumprindo a trajetória mais instigante. Mais que o samba, a umbanda e as vertentes bantas (bantu) do candomblé, ela é a mais universalmente difundida. A ponto de, após chegar à Europa, à Ásia e a Oceania, estar na atualidade voltando à África, mormente a Angola, de onde supomos nos tenham chegado pelo menos suas bases, atléticas, mas também filosóficas.

Técnica corporal de ataque e defesa desenvolvida no Brasil a partir de fundamentos introduzidos por trabalhadores escravizados, o jogo da capoeira se expressa, como sabemos, por meio de uma simulação de dança, executada ao som de cânticos tradicionais, conduzidos pelo berimbau e outros instrumentos de percussão. Seus inúmeros golpes e movimentos, nos quais a simulação é a tônica, são executados com os pés, as pernas, as mãos e a cabeça.

As modalidades principais são a angola, a tradicional, consagrada por Mestre Vicente Pastinha (1889 – 1981); e a regional, variante criada na Bahia, na década de 1930, por Manoel dos Reis Machado, o Mestre Bimba (1900 -1974). Na capoeira, além da malícia, da calma e da ritualística, presentes na modalidade "angola", estimula-se a competitividade, o que a torna efetivamente uma luta, um desporto, uma arte marcial, um jogo disfarçado de dança.

Popularizada a partir da Bahia, a história da capoeira, como a de outras expressões da cultura afro-brasileira, alterna períodos de repressão, cooptação e apropriação pelas classes dirigentes. Assim, nos tempos imperiais, sobretudo no Rio de Janeiro, o poder dominante muitas vezes se utilizou da força guerreira da capoeiragem, empregando seus praticantes como capangas e guarda-costas, numa situação que perdurou até o final do século XIX. Advindo a República, a "vadiação" não demorou a ser proibida. Pelo novo Código Penal, todo aquele que fosse flagrado na prática do "exercício de agilidade e destreza corporal conhecido pela denominação de capoeiragem" estaria sujeito à pena de dois a seis meses de prisão, agravada caso o infrator pertencesse a algum bando ou malta, e a ser cumprida em colônia correcional". Em suma: explicitando-se como "perigo", a "brincadeira" passava a ser reprimida, proibida e criminalizada.

Em 1937, entretanto, o Estado Novo de Getúlio Vargas revogava a proibição, oficializando a capoeira e a reconhecendo como prática de Educação Física. A partir daí, o jogo foi rompendo barreiras e conquistando cada vez mais adeptos.

Nessa trajetória, há já algum tempo, a capoeira, vem também ganhando os círculos acadêmicos, com estudos que resultam em teses e livros, como é o caso deste "Da navalha ao berimbau", trabalho claramente afetuoso, em que o Autor expressa seu gosto e seu orgulho pela "mandinga" que consagrou velhos mestres como os citados, Pastinha e Bimba, além de representantes da vertente carioca, como Sinhozinho, Artur Emídio, Paraná e muitos outros.

Neste sentido, Jorge Felipe Fonseca Moreira, o "Jorge Columá" produziu um trabalho importante, pelos dados socioantropológicos que alinha. Discutindo as tensões entre a tradição histórica e a "esportivização moderna"; entre o chapéu de panamá e o boné de beisebol; entre a valentia boêmia e o "fitness"; entre o sobrenatural Zé Pelintra e o virtual Eddye Gordo (a quem só agora sou apresentado), Jorge Columá compôs seu texto com ginga, mandinga e competência, e o apresenta agora, num livro que bem merece figurar ao lado de estudos como os de Edson Carneiro, Waldeloir Rego, Carlos Eugênio Líbano Soares e de André Lace, na crescente bibliografia da capoeira.

Capoeirista e educador, ele associa agilidade intelectual a destreza instrutiva. Mostra que o arame do berimbau soa bem melhor que o aço da navalha e vai semeando o caminho trilhado pela arte da capoeira, inclusive de retorno às suas próprias fontes. Com acréscimo de força, Camará! Pois é a volta do mundo, Columá!

Nei Lopes

Apresentação

por Nestor Capoeira
Mestre de capoeira e Doutor em Comunicação

Em 1965 conheci Demerval Lopes de Lacerda, o Mestre Leopoldina, me tornando seu discípulo na capoeira. Este encontro mudou a minha vida; Leopoldina me introduziu ao universo afro-brasileiro que me garantiu uma alternativa de ser e estar na vida. Tempos depois me formei engenheiro e fui trabalhar na LIGHT no Rio de Janeiro. Esta minha etapa formal durou pouco, apesar de estarmos em plena ditadura militar, ouvi o canto da sereia, o mesmo tão bem explicitado por Columá neste livro, enfim, chutei o balde e parti para "ganhar o mundo".

Fui o pioneiro do ensino da capoeira no estrangeiro, a partir de 1971, desde então, em sucessivas viagens morei 12 anos no exterior, vivendo exclusivamente de capoeira, participando ativamente da expansão e popularização de nossa arte dentro e fora do Brasil até os dias de hoje. Em paralelo a isso escrevi quatro livros sobre a capoeira, traduzidos para o inglês, alemão, francês, dinamarquês, holandês, finlandês, polonês e português de Portugal. Fiz mestrado e doutorado orientado pelo professor Dr. Muniz Sodré. Minha trajetória, como a de muitos outros *camarás*, se enquadra dentro da dinâmica de expansão e institucionalização da capoeira nos últimos cinquenta anos, tão bem descrita por Columá.

Senão vejamos: já na chegada de Dom João VI, a corte se depara com notícias das Maltas de capoeira que tocavam o terror na cidade do Rio de Janeiro, causando preocupação aos moradores da Capital Federal. Na passagem da Monarquia para a República, as Maltas são dizimadas pela perseguição policial, abrindo brecha para o surgimento de um novo ator social: o Malandro, conhecido até os nossos dias.

O Malandro era o herdeiro destronado das Maltas de capoeira cariocas, extintas na virada do século XIX para o século XX. Solitário, agindo individualmente o malandro não se tornou um risco para a sociedade, já sem o apoio político de outrora o malandro passa a negociar suas idas e vindas citadinas. É como dizia meu mestre Leopoldina *"para o malandro o bom negócio é bom para todo mundo"*. A figura do malandro é tão forte e presente no imaginário brasileiro que levou o Prof. Muniz Sodré a afirmar em uma entrevista em 13/03 de 2013:

> *Que talvez fosse necessário repensar a malandragem. Não mais o malandro da Lapa dos anos 1920 e 1930, mas a malandragem como jeito de se livrar dos pesos e amarras sociais, como jeito de burlar as dificuldades, em vez de fazer face ao obstáculo, como em outras lutas, boxe, karatê, Muay Thai. Contornar o adversário como na capoeira eu acho que isto é brasileiro, pode até ter um lugar, o Rio de Janeiro. Mas é uma forma que encontra as estratégias de um povo para contornar a impiedade do Estado.*

O malandro já foi abordado por vários pensadores e escritores, mas sempre do ponto de vista da simpatia ou crítica das chamadas classes hegemônicas. Porém o malandro pode ser algo tipicamente brasileiro à procura de estratégias a fim de fugir da mão pesada do Estado impiedoso. Então torna-se necessário entender melhor este personagem, algo que Columá faz com leveza, profundidade e malandragem...

Quando fui iniciado em 1965 era comum dizer que a capoeira era parte do nosso folclore, apenas isto. Já nas décadas seguintes esta visão tornou-se ampla e a capoeira era vista como um dos pilares da nossa cultura, junto com o samba, o futebol e o Candomblé/Umbanda, e em outras "giras", considerada, como resistência da cultura negra no Brasil e no mundo. Recentemente nosso ministro das relações exteriores afirmou que a capoeira é o vetor mais ativo da divulgação de nossa língua no exterior. Alguns anos atrás, em 2004, o ministro de cultura da época, pronunciou um discurso em Genebra se referindo ao atentado terrorista ocorrido em Bagdá, um ano antes. Afirmando que a capoeira pode ser um veículo de paz, como acontece no contexto multiétnico brasileiro. O Estado brasileiro "deu a volta por cima", ao reconhecer a capoeira como instrumento mundial para a promoção da paz. Isto tudo é fruto da expansão da capoeira no Brasil e no mundo, realizada unicamente pela ação pessoal de (então) jovens mestres empolgados e apaixonados como o autor Jorge Felipe Columá, sem o menor apoio e até o conhecimento do Estado, da Mídia e do capital nacional e/ou internacional.

Descobri, conversando com Leopoldina e os malandros da velha guarda, que o gestual sinuoso, a arte da esquiva, o imbricamento, luta-dança-jogo-música, que detonava as classificações esquemáticas racionais e fechadas às quais eu estava acostumado; era o reflexo, a materialização de uma ética e filosofia baseado numa práxis sofisticada que produzia um saber corporal que superava os sistemas binários tão comuns à cultura ocidental. Era o saber não linear, não cartesiano, que a capoeira lentamente encarna nos corpos de seus praticantes, através, sobretudo, dos jogos, ricos em diálogos, embates, ludismo.

Esse saber tem nome e se chama malícia, a prima-irmã da malandragem, um universo feminino, estratégia do mais fraco em face do mais forte, filosofia que se torna visível nos sambas de malandro, desde Geraldo Pereira e Wilson Batista, até Zeca Pagodinho. Na Umbanda temos o povo de rua, em que desponta a figura de Zé Pilintra sempre ladeado de uma Pombagira, talvez retratos da própria capoeira, malandra e sinuosa, sedutora e perigosa, um enigma para aqueles que quiserem e puderem decifrar. Penso que esta malícia, este gestual, contém elementos de linguagem que podem facilitar o enlace capoeira-universidade-educação, fortalecendo a interface do mundo acadêmico com o mundo das ruas, superando o hiato já apontado antes por Paulo Freire.

Afinal a Academia pouco valoriza as formas não ortogonais do conhecimento e historicamente renuncia aos saberes populares, como o samba, o jongo, a capoeira, dentre outras manifestações culturais. A capoeira notadamente promove um tipo de educação existente no Brasil há mais de 200 anos e apesar das diversas perseguições imputadas pelo Estado, continua viva e hoje habita os quatro cantos do mundo. Neste sentido o assunto escolhido por Jorge Felipe Colimá, além de sua importância, acena para a necessidade de um enfoque multidisciplinar. Fiquei feliz, tanto por ser capoeirista, como por gostar do mundo acadêmico, em ver como Colimá estudou, enfocou e explicitou estes e muitos outros aspectos da capoeira e de suas interfaces/interações com a sociedade. Apostemos que a ginga sinuosa, sedutora e faceira do malandro traga para todos nós dias melhores, Axé!

Nestor Sezefredo dos Passos Neto

Introdução

Começamos a seguir os passos sinuosos da malandragem a partir da nossa primeira obra, na qual direcionamos nosso olhar para o imaginário cantado nas rodas de capoeira, neste estudo a figura do malandro aparece como mito pregnante no imaginário dos capoeiristas, sugerindo um aprofundamento nas relações entre a questão da malandragem e a capoeira. A temática tem inspirado vários estudiosos, principalmente no campo das ciências sociais, como: Matos, Salvadori e Soares, que percorrendo a história do Brasil, discutem as implicações e o contexto do processo de criminalização da capoeira e dos contornos de uma chamada malandragem.

Matos (1982) aborda o contexto sócio-político e econômico da malandragem na era Vargas, analisando como a temática era retratada nas letras de samba de 1930 a 1954, com a influência da censura exercida pelo DIP (Departamento de Imprensa e Propaganda). Salvadori (1990) desvela algumas imbricações entre a capoeira e a malandragem no começo do século XIX; já Soares (1994), investiga as maltas[1] nos registros policiais da cidade do Rio de Janeiro, revelando assim traços da capoeira tratada como crime desde o Império até a República. Tanto a capoeira como a "malandragem" vão ser perseguidas pelo poder estabelecido ao longo dos tempos e se ressignificam, adotando transformações que permitem não só sua sobrevivência, mas o surgimento de dois tipos sociais: os capoeiras

---

[1] Conjunto de capoeiras que andavam em bandos, promovendo a "desordem" e cometendo crimes, o termo malta significa gente de condição inferior ou rancho de trabalhadores em busca de trabalho agrícola. Com base no contexto criminoso no qual a capoeira figurou durante o Brasil colônia e posteriormente na República, o termo ficou direcionado quase que restritamente com relação à capoeiragem. (DIAS, 2001).

e os malandros. Mello Moraes Filho[2] descreve a construção de uma nova ética a partir da modificação do antigo capoeira marginal para um personagem épico e atraente. Conde (2007) corrobora esse pensamento e credita aos intelectuais da época um interesse na capoeiragem[3], que se mostrava bastante sedutora devido a sua ambiguidade, pois ora se expunha perigosa e desordeira, ora se apresentava bela e encantadora. Já Matos, ao fazer um estudo sobre as letras de samba na era Vargas, nos diz que o samba, a partir de então, é disciplinado e a figura do malandro é ressignificada, apontando para um processo de regeneração desse personagem, atendendo aos ideais da época que buscavam o controle e a disciplina social[4].

Em nossa obra anterior *Arte, Magia e Malandragem: o imaginário cantado nas rodas de capoeira* encontramos o processo de institucionalização da modalidade emergindo nos discursos cantados pelos capoeiristas. Destes processos discursivos, duas categorias se delinearam: o "jogar com" e o "jogar contra". No "jogar contra" percebemos que os sentidos do jogo de capoeira deslizam pelas vias da incerteza. Essa imponderabilidade conduz o capoeirista, muitas vezes, ao caminho das ruas como palco principal e é nesse espaço marginal que a capoeira parece constituir sua formação. Desde a época das maltas que disputavam a navalhadas o domínio territorial no centro da capital do Brasil Colônia, aos malandros e valentões do Rio Antigo, como *Madame Satã*[5], *Prata Preta*[6], e *Manduca da*

---

[2] Alexandre José de melo Morais Filho, historiador baiano, autor de Tradições populares no Brasil, considerado volume indispensável para o estudo da capoeiragem (MOURA, 2009)

[3] Capoeiras criminosos que faziam badernas em grupos (Dias, 2001).

[4] Com a criação do DIP, houve severa censura que proibia qualquer exaltação contrária ao populismo do estado novo de Vargas (MATOS, 1982).

[5] Malandro, valente e homossexual mais conhecido da lapa, esteve preso durante anos no presídio da ilha grande, foi o primeiro travesti artista do Brasil, ficou conhecido por enfrentar a polícia e pelo suposto assassinato de Geraldo Pereira, também afamado malandro e sambista da época, sua imagem é comumente associada à capoeira (DURST, 2005).

[6] Capoeira e diretor de conflitos que se transformou em herói popular durante a revolta da vacina (SANTUCCI, 2008).

Praia[7]. Já o "jogar com" mostra todo o artifício de ressocialização[8] do capoeirista, atendendo a uma demanda oriunda do processo de desportivização da capoeira. Se antes o jogo era sem regras, ele passa a assumir nova roupagem que o enquadra num modelo desportivo. Assim o capoeira deixa de lado o batuque[9] e a navalha, vindo a adotar jogos mais seguros, mimetizando a luta em um simulacro de combate, em que o perigo dá lugar ao controle dos movimentos, que mesmo rápidos e inesperados, não traduzem em seus sentidos o risco que pode resultar em lesões e, até mesmo, morte.

Nesse sentido vimos que na capoeira o mito do "malandro" transita entre o "jogar com" e o "jogar contra", entre o "jogo duro" e o "jogo bonito", entre a rua e o espaço formal, caracterizado em academias, clubes e demais recintos fechados. Observamos que o imaginário da malandragem se desloca através dos tempos, saindo da esfera marginal para a figura do bom malandro, que apesar de deter os conhecimentos da capoeira, prefere fazer amizades e "jogar bonito" com seus confrades. Acreditamos que exista, no imaginário da capoeira, uma tensão entre a malandragem de outrora e a contemporaneidade, entre o discurso "transgressor[10]" que parece "beber na fonte" de um passado marginal e o discurso "disciplinado[11]" do esporte, principal passaporte da capoeira à sociedade.

---

[7] Capoeira e cabo eleitoral, conhecido em todo o fluminense como homem de negócios, sempre elegante no trajar, respondeu a 227 processos por ferimentos leves e graves sendo absolvido em todos devido a sua influência política (EDMUNDO, 1957).
[8] Conceito adotado em nossa dissertação de mestrado, que mostra a passagem da capoeira marginal para um jogo institucionalizado e com regras (MOREIRA, 2007).
[9] Luta popular de origem africana também conhecida como batuque-boi. Uma modalidade de capoeira muito praticada nos municípios baianos de Cachoeira, Santo Amaro e na própria capital da Bahia, onde o batuque é sinônimo de capoeira ou pernada (CASCUDO, 2001).
[10] Discursos encontrados nas antigas cantigas de capoeira que exaltavam bravuras contra o poder instituído da época (MOREIRA, 2007).
[11] Discursos encontrados nas recentes cantigas de capoeira que valorizam o capoeirista como um jogador e atleta, não mais como um elemento perigoso para a sociedade (MOREIRA, 2007).

Diante deste cenário, nos perguntamos: como a imagem do capoeirista se constrói associada à figura do malandro e se reatualiza no processo de institucionalização da capoeira? Essa questão/convite nos conduz a ingressar no sinuoso e atraente universo da cultura popular e tentar explicitar a produção imaginária das relações entre a malandragem e a capoeira, desde a chamada capoeiragem até seu processo de desportivização nos discursos de mestres e professores de capoeira, de diferentes gerações, radicados no Estado do Rio de Janeiro.

Nas Pistas da Malandragem

Buscando compreender a figura do malandro como recorrente e associada ao imaginário do jogo da capoeira, percebemos indícios desta relação em alguns campos da produção humana como as artes, literatura, música, história e cultura popular, porém é no campo da história que iremos nos ancorar. Personagens como *Prata Preta, Chico Juca[12], Manduca da Praia* e *Madame Satã,* fizeram fama no Rio Antigo da mítica Lapa, reduto imaginário da boemia, capoeiragem e malandragem. Nomes como *Besouro[13]* e *Ciríaco[14]*, malandros e capoeiras do passado, são exaltados nas cantigas e *causos* que povoam e enriquecem a história da capoeira, nos remetendo a um tempo sedutor, presente também em canções populares, romances e contos, que além de fazer alusão a uma ode carioca, nos visitam ao som do berimbau na roda de capoeira ou em um passeio noturno pelo hoje reativado bairro da Lapa, efervescência cultural de um período não muito distante.

---

[12] Afamado capoeira, frequentador das páginas policiais da época; pardo, alto, corpulento e arruaceiro, sempre trajando calça larga para facilitar os movimentos e sua elegante jaqueta branca (EDMUNDO, 1957).

[13] É o capoeira mais famoso de todos os tempos, nascido na cidade de Santo Amaro da Purificação, recôncavo Baiano, Besouro tinha a fama de ter o corpo fechado e ter enfrentado vários inimigos, entre eles a polícia, sem ter conhecido derrota. Diz-se que Besouro tinha o poder de se transformar no inseto de mesmo nome e sair voando para escapar do perigo, no ano de 2009 foi lançado no grande circuito de cinema do Brasil um filme que retrata sua saga (PIRES, 2002).

[14] Entra para a história por ter vencido com golpes de capoeira (rabo de arraia) o lutador japonês de jiu-jitsu, Sada Miako, na arena formada no pavilhão de São Cristovão (O MALHO, 1909).

A temática da malandragem tem despertado curiosidade investigativa ao longo dos tempos em diversas áreas do conhecimento, autores como Da Matta, Cândido, Mattos e Salvadori descrevem o malandro como personagem avesso ao trabalho e pernicioso ao poder constituído da época, sobretudo no final do século XIX e começo do século XX. Segundo os autores citados, o malandro representava uma ameaça à ordem formal instaurada, sendo combatido ideológica e criminalmente. Na era Vargas, durante o período do Estado Novo, o Departamento de Imprensa e Propaganda (DIP), criado no ano de 1939, promovia a censura nas produções artísticas e culturais, sobretudo aquelas que retratavam o imaginário da malandragem, obrigando um deslocamento para a regeneração e exaltação ao trabalhador, colocando em xeque o ócio e os demais valores ligados a este estilo de vida não "produtivo" e resistente ao esforço de enquadramento social vigente.

Atualmente o termo "malandro" transita por uma rica polissemia, que pode fazer alusão tanto ao cenário acima descrito, quanto abarcar sentidos ligados a certa esperteza, conferida em muitas produções a aspectos do nosso imaginário. A história da capoeira, assim como a da malandragem e sua polissemia como vadiagem, vagabundagem, capoeiragem, caminha pelas vias da construção imaginária da nossa sociedade. Ela se torna uma fonte valiosa para compreensão da concepção de dualidades como: marginal/cidadão e malandro/trabalhador. Charges, músicas e romances retratam atributos em trânsito entre a lei e a transgressão, colocando o malandro no "fio da navalha" pendendo ora para um lado e ora para o outro, dependendo das vantagens e riscos que lhes forem favoráveis ou não.

Em sua etimologia, o vocábulo "malandro" tem origem no latim e no germânico, a partir da junção das palavras *malus* + *andrim* que juntas dão o significado de mau andarilho, reforçando a aversão primeira a este termo. Diante dessa encruzilhada, em que o malandro desliza entre as polaridades de repugnância e sedução, enquadramento e transgressão, nosso desafio está em perseguir a representação de malandro, mapeando alguns sentidos atribuídos a essa figura bastante empregada em nossa linguagem e recorrente no universo da capoeira. Afinal, o que significa ser malandro no imaginário brasileiro, destacadamente na cultura do Rio de Janeiro? Como e onde surgiu este personagem? Como e com quais sentidos a figura do malandro se enreda na história e no cotidiano da capoeira?

Os sentidos desse personagem podem, também, ter se deslocado ao longo dos tempos, nos sambas que outrora o retratavam como marginal e depois o promoveram a bom malandro, aposentando inclusive a navalha e a indumentária, que segundo Moreira da Silva, já foi terno de linho branco HJ S-120, camisa e lenço de seda pura, sapato bicolor e chapéu *panamá* e hoje pode ter como modelo uma calça *jeans*, *boné*, *tênis* e um destacado cordão de prata. O malandro parece estar vivo inclusive no universo político atrás de paletós e gravatas que ajudam a camuflar golpes e estratégias de parlamentares "malandros". O termo malandro nos principais dicionários da língua portuguesa reflete a produção imaginária em torno dele. No tradicional Caldas Aulete (1968):

> *Vadio de baixa ralé, gatuno, tratante, patife, desavergonhado, que pratica ações vis e só próprias da mais baixa ralé; sujeito que não trabalha, vive de expedientes e costuma abusar da confiança dos outros, sujeito sabido e finório*

No Larousse Cultural (1992) a definição quase se repete: "*aquele que não trabalha e vive de expedientes; tratante; diz-se de sujeito finório, astuto; patife; biltre; ladrão; vagabundo; vadio*". No Aurélio (1999) o malandro aparece como "*aquele que abusa da confiança dos outros, ou que não trabalha e vive de artifícios; velhaco, patife; indivíduo preguiçoso: mandrião, indivíduo vivo, astuto, que é malandro*". Existe recorrência desse significado também no dicionário escrito por Antenor Nascentes (1988) que igualmente classifica o malandro como sujeito vagabundo e avesso ao trabalho.

O primeiro malandro de nossa literatura foi retratado pelo personagem central da obra de Manuel Antônio de Almeida, *Memórias de um sargento de milícias*, publicado originalmente em folhetins no *Correio Mercantil* do Rio de Janeiro sob a alcunha de "Um Brasileiro" entre os anos de 1852 e 1853. O livro descreve as aventuras de Leonardo que, avesso ao trabalho, vivia às turras com o major Vidigal[15], um dos principais perseguidores dos malandros e dos capoeiras no começo do século. Associada à alcunha marginal, as obras referenciadas fazem alusão à oposição ao trabalho formal, classificando o malandro como antagonista à labuta que se vale de recursos ilícitos para sobreviver. Segundo o pesquisador Lúcio Kowarick (1987), a formação identitária do povo brasileiro passa por essas representações (malandro, vadio, vagabundo...) que se originam no declínio do sistema escravocrata e na formação do trabalho livre no Brasil, juntamente à política de imigração que se destaca no Vale do Paraíba[16], devido ao peso de sua economia sustentada, sobretudo, pelas lavouras do café.

2.1 Trabalhar para quê? A formação do mercado de trabalho livre no Brasil

> *Povo é raça, é cultura, é civilização, é afirmação, é nacionalidade, não é o rebotalho dessa mesma nacionalidade.*
> **Kowarick, 1987**

---

[15] Major Nunes Vidigal, perseguidor implacável dos candomblés, das rodas de samba e especialmente dos capoeiras, "para quem reservava um tratamento especial, uma espécie de surras e torturas a que chamava de Ceia dos Camarões". O major Vidigal foi descrito como um homem alto, gordo, moleirão, porém um capoeira habilidoso, de sangue-frio e de uma agilidade a toda prova, sendo respeitado por temíveis capangas de sua época. Jogava maravilhosamente o pau, a faca, o murro e a navalha, sendo que nos golpes de cabeça e de pés era imbatível (ANDRADE, 1941).

[16] Região que abrange parte do leste do estado de São Paulo e oeste do estado do Rio de Janeiro.

A formação do mercado de trabalho livre no Brasil é originária de um contexto histórico, no qual a escravidão africana foi a forma hegemônica de mão-de-obra até fins do século XIX. Nas relações trabalhistas do país, quem não tivesse sido escravo ou senhor não havia passado pela escola[17] do trabalho. O começo da formação do mercado de mão-de-obra no Brasil foi balizado no trabalho compulsório de escravos, assim como na exploração de imigrantes e homens livres, destacadamente na empreitada cafeeira. Após o ano de 1815, o país iria enfrentar uma série de dificuldades no cenário comercial, vindo a abalar o necessário programa de exportações da época. Com isso o café[18] aparece como a grande esperança da economia nacional, deslocando o foco dos canaviais nordestinos para o sudeste a partir de 1830, primeiro no Rio de Janeiro, depois no vale do Paraíba e posteriormente n o oeste de São Paulo.

A iniciativa cafeeira além de propiciar uma migração em massa de escravos, do nordeste para o sudeste, seria mola propulsora para um avanço material e tecnológico a partir de empreendimentos como bancos, ferrovias e sociedades comerciais, além de novas estradas, que ligariam principalmente os municípios cafeicultores aos grandes centros urbanos como Rio de Janeiro e São Paulo. Costa (1998) adverte que para muitos fazendeiros, os investimentos realizados nesses novos empreendimentos não são motivados para viabilizar alternativas capazes de alavancar o negócio do café, mas pelo retorno lucrativo que eles proporcionam, surgindo como oportunidade para o enriquecimento de seus investidores ou até mesmo excelente complemento de renda.

---

[17] Vale ressaltar que leis entre 1831 e 1837 determinaram que as crianças enjeitadas tivessem o direito a se educar como aprendizes no arsenal de guerra e da marinha (LEWKOWICZ, 2008).
[18] Celso Furtado (2007) menciona a crise que o Brasil atravessa no começo do século XIX, a partir do declínio do cultivo da cana e da comercialização do açúcar. O economista observa que para recuperar o dinamismo necessário para o país entrar na nova etapa de crescimento e programar a política de exportação era preciso investir na cultura cafeeira que começava a se destacar principalmente no estado do Rio de Janeiro.

A região sudeste, principalmente Rio de Janeiro e São Paulo, contou com um significativo aumento na quantidade de cativos e trabalhadores de outras regiões, principalmente do nordeste. Ressaltamos que esse fluxo migratório de mão de obra para os cafezais do sudeste, não era novidade, pois no século XVIII, durante o ciclo do ouro, diversos trabalhadores livres e escravos, engrossaram as fileiras de trabalho das Minas Gerais. Durante as relações que alimentaram o modo de produção escravista, era comum essa locomoção de massas de trabalhadores a fim de fortalecer e impulsionar as atividades econômicas do local a ser explorado. O cativeiro e a subserviência ali praticados vêm facilitar o deslocamento permanente da mão de obra necessária para o progresso desse sistema produtivo. Costa ainda observa que além do fluxo interno de escravos, a reprodução natural contribui igualmente para a ampliação dessa mão-de-obra.

Porém mesmo não sendo tão lucrativa, a mão-de-obra escrava é fundamental para abastecer o processo de produção, pois o fluxo de escravos se torna uma valiosa ferramenta para suprir a carência de trabalhadores livres nas fazendas de café. Esclarecem ainda que o direcionamento da mão-de-obra escrava de uma frente de trabalho para outra, assim como uma renovação desse contingente, alimentaram um sistema vicioso capaz de viabilizar esse empreendimento, valorizando e justificando a continuidade da escravidão no Brasil. Por um lado o regime de trabalho escravo vai à contramão do sistema capitalista ao impedir uma organização cooperativa condizente com a revolução industrial,[19] que batia à porta do mundo, requerendo gastos obsoletos com vigilância, não só do coletivo, mas também individual dos escravos. Por outro, a mão de obra escrava era adquirida integralmente e não por períodos de trabalho.

---

[19] A Revolução Industrial aconteceu na Inglaterra na segunda metade do século XVIII e finalizou a transição entre feudalismo e capitalismo, a fase de acumulação primitiva de capitais e de predomínio do capital mercantil sobre a produção. Aperfeiçoou ainda o movimento da revolução burguesa iniciada na Inglaterra no século XVII (HOBSBAWM, 2003).

Esse regime torna o cativo uma propriedade privada, que ao se deteriorar, precisa de reposição, aumentando ainda mais os custos e desperdícios com a empreitada.

A maneira encontrada para minimizar esses gastos foi a de prolongar ao extremo os períodos de trabalho (em torno de dezesseis horas diárias), diminuindo proporcionalmente a vida útil[20] da mão-de-obra escrava. Somando a esses aspectos os maus tratos e mínimas condições de sobrevivência, o contingente escravo encontrou-se em uma situação que, além de diminuir sua expectativa de vida, reduz significativamente também a procriação e consequentemente a continuidade de novos membros familiares, numa espécie de execução em massa alicerçada pela ideologia do progresso. Essa situação permanece no século XIX e mesmo com o término do tráfico negreiro no Brasil, a colônia ainda contava com a força de trabalho cativa que agora se via inflacionada, devido à escassez de reposição de escravos africanos. Em virtude disto, aumentou-se o preço dessa mão de obra no mercado interno e houve uma alimentação do tráfico proibido de escravos, que com o aumento do valor do café no mercado internacional e a exploração[21] de terras mais produtivas, encontrava terreno para sua continuidade. Franco (1997) acrescenta que continuar com investimentos em escravos, apesar dos rumores da abolição, parecia ser um mau negócio, porém essa aparente cegueira comercial transforma-se em um empreendimento lúcido para alguns, o que garante a continuidade dessa empreitada no país.

Kowarick ainda retoma a questão da manutenção desse sistema e lembra que mesmo aparentemente lucrativa para poucos, a escravidão insistia em entravar a dinâmica produtiva mostrando-se

---

[20] No caso brasileiro, estima-se que o tempo médio de trabalho do escravo na cultura cafeeira situava-se em torno de quinze anos e que sua produtividade máxima era atingida entre dezoito e trinta anos (KOWARICK; 1987).
[21] Um escravo adulto era capaz de produzir 3.500 pés de café nos meados do século XIX, no fim da década de 1870 havia aproximadamente, 250 mil escravos negros no Brasil (LEWKOWICZ, 2008)

atrasada e na contramão da história. Por que então se mantinha esse sistema? Ora, o autor nos convida a refletir sobre a existência de um imaginário ligado à cultura da escravidão que afasta durante séculos os trabalhadores livres dos maus tratos, das chibatas e dos açoites, que embalaram durante anos a labuta ébano no Brasil. Nesse mesmo sentido, Costa salienta que o trabalho no país remetia à escravidão, como obrigação penosa, o cativeiro e os maus-tratos. Por sua vez, para Cândido (1979) os trabalhadores não escravos preferem a vida errante a ter que se subordinar aos costumes do regime escravocrata, entranhados nas leis e em seus regentes. Vale ressaltar que o principal motivo da não adesão da força de trabalhadores nacionais ao sistema tem relações com *"a percepção que os livres tinham acerca do trabalho disciplinado e regular, como a percepção que os proprietários faziam da utilização da mão-de-obra livre"* (KOWARICK, 1987).

A leitura que fazemos dessa "percepção" é que começa a se instaurar um imaginário social ligado à escravidão em que as leis e tratados foram escritos em vermelho escarlate no próprio corpo do negro cativo, afastando assim a força de trabalho não escrava do trabalho formal. *"Esta situação deu origem a uma formação sui generis de homens livres e expropriados, que não foram integrados à produção mercantil"* (FRANCO, 1997). Não adiantaria seduzir os livres e libertos para o ingresso no trabalho organizado, havia a necessidade de mudanças estruturais nas relações estabelecidas, principalmente no costume senhorial-escravista de ascendência, cujas origens caracterizavam-se pela intransigência. Era preciso ressignificar o imaginário, deslocando o espectro do cativeiro para o mito do progresso. Como vemos em Baczko, em casos como esse é preciso criar um contra imaginário, capaz de inculcar valores e modelos formadores de novos ideais exemplares ao grupo social em questão. Observemos que a não aderência[22] dos homens livres e libertos ao

---

[22] Marginalizados desde os tempos coloniais, os livres e libertos tendem a

trabalho organizado extrapola as questões econômicas e parece se ancorar na rede de sentidos que remete o trabalho a uma espécie de degradação humana, afastando a população não escrava do que o autor chama de "escola do trabalho". Fernandes (1975) também partilha essa ideia e completa que é no trabalho que o sistema escravista deixa marcas profundas e difíceis de curar, estabelecendo, pois, um imaginário de abjeção e consolidando, assim, uma representação negativa para quem fica de fora desse mercado é o sistema senhorial-escravista que perdura e consolida uma herança que nos acompanha até hoje, comprometendo seriamente nosso ideal de cidadania. O trabalho braçal passa a ser sinônimo de trabalho escravo, portanto é tido como degradante e humilhante, valorando até a atualidade a diferenciação entre profissões no Brasil. Costa observa que não pode ser diferente, pois o histórico relativo à servidão negra no país instaura um imaginário de desvalorização a toda produção dos negros escravos, que aos olhos do senhor branco, eram tidos como uma coisa qualquer, sem direito a escolhas, desejos e ambições, restando a eles um destino de maus tratos e morte no cativeiro.

Seguindo esse pensamento, vejamos uma cantiga popular do jongo[23] que retrata essa representação: *"negro não sabe o que é dor, negro não tem alma não, assim dizia o feitor, com seu chicote na mão. Malvado banzo me mata, quero a minha pátria voltar, na minha terra sou livre, como andorinha no ar"*. Vale ressalvar que para os senhores, os negros não tinham alma, aproximando-se dos animais, diferentes dos brancos que, ao possuir alma eram considerados a "imagem e semelhança de Deus". A Igreja contribui com esse

---

não passar pela escola do trabalho, sendo frequentemente transformados em itinerantes que vagueiam pelos campos e cidades, vistos pelos senhores como a encarnação de uma corja inútil que preferem a vagabundagem, o vício ou o crime à disciplina do trabalho (KOWARICK, 1987).

[23] Dança ancestral de origem banto, que possui fortes ligações com a religiosidade negra e com o samba, sendo inclusive considerada precursora do mesmo, conhecido também pelo nome de *caxambu* ou *tambu*. Origina-se nos folguedos realizados no Vale do Paraíba, notadamente nas lavouras de café (STANLEY, 1990).

imaginário discriminatório quando emite a Bula Papal *Dum Diversas* de 16 de junho de 1452, enviada ao rei Afonso V de Portugal, em que o Papa Nicolau permite que se efetue, com autoridade Apostólica, a invasão, busca e subjugo de qualquer povo pagão ou incrédulo sendo considerados "inimigos de Cristo", cabendo aos reinados, ducados, condados e principados lusitanos, restringir esses povos e seus descendentes à perpétua escravidão para uso e proveito próprios.

A partir de 1810 já existiam pressões externas para o fim do tráfico negreiro no Brasil, principalmente oriundos da Inglaterra[24], impulsionada por razões ideológicas e amparada em fortes pragmatismos econômicos, advindos da modernização do sistema de trabalho. Além disso, o tráfico negreiro seria proibido oficialmente em 1826 e só teria final efetivo em 1850[25]. Este era uma peça central na economia brasileira, a partir dessa data estava impedida uma reposição externa de escravos africanos para alimentar esse sistema, que se via ameaçado também pelo processo natural de vida útil dos cativos. Nesta discussão, Furtado (2007) diz que o tráfico negreiro passa a assumir um caráter de ilegalidade que dificulta bastante ser fiel aos verdadeiros números da escravidão negra no Brasil. Para Goulart (1975), um milhão trezentos e cinquenta mil africanos chegaram ao Brasil entre 1801 e 1851, e embora proibido, o tráfico continuou vivo aumentando em trezentos e vinte e dois mil o número de cativos no país, vindo a se extinguir somente em 1853, quase 30 anos após a sua proibição oficial.

---

[24] A Inglaterra não permitiria a concorrência dos países escravagistas, já que os primórdios da implantação do sistema de trabalho livre poderiam atribuir algum tipo de vantagem aos países alimentadores do sistema escravista. Com sua poderosa esquadra naval, passa a impor determinadas medidas proibitivas, iniciadas pelo tratado de 1810 que obrigava a Portugal o fim do tráfico escravo fora de seus domínios (MOURA, 1995).

[25] A partir de 1850 estava decretado o fim do tráfico de negros para o Brasil, porém o mesmo continuou aproximadamente por 25 anos em caráter ilegal que dificultou o fato de termos estimativas fidedignas da quantidade de negros que chega ao Brasil nessa época (KOWARICK, 1987; COSTA, 1998).

O término do tráfico determina a migração dos escravos das regiões decadentes, como os canaviais do nordeste, para os empreendimentos mais promissores, como os cafezais do sudeste. Kowarick também diz que a extinção da importação dos escravos africanos provoca uma inflação nos preços dessa mão-de-obra, alavancada sobretudo, pela necessidade de reforçar a frente de trabalho na crescente lavoura do café, única que podia pagar os altos valores imputados aos negros cativos. Aconteceria uma redefinição interna do sistema escravocrata, que alicerçado pela demanda lucrativa cafeeira, permitiria uma continuidade da mão de obra escrava nas relações trabalhistas brasileiras. O autor observa que mesmo trinta e cinco anos após o processo de proibição do tráfico negreiro, as regiões exploradoras do café como Rio de Janeiro, Minas Gerais e São Paulo, adquirem aproximadamente trezentos e cinquenta mil escravos para reforçar as fileiras de trabalho nas lavouras, que se tornam a principal atividade econômica do país. A escravidão era um investimento seguro e lucrativo, pois com os altos preços do café no mercado internacional era possível a aquisição de mais escravos para o fortalecimento desse empreendimento, o que justificava a continuidade do sistema escravocrata ainda vigente, apesar da sua proibição, tirando a necessidade de persuasão da mão-de-obra livre.

Em oposição ao decréscimo de escravos no Brasil a partir de 1850[26], ocorre o aumento desse número nas regiões como Rio de Janeiro[27], Minas Gerais e São Paulo. Esse dado permite reforçar a tese de como as lavouras de café tornaram lucrativas as transações com escravos entre os polos de plantação e as regiões decadentes economicamente. Esta ampliação vem fortalecer a continuidade do sistema escravocrata utilizado nas grandes fazendas de café. Essa ex-

---

[26] Nesse mesmo ano decreta-se o que ficou conhecido como "lei de terras", através da qual foram feitas tentativas para reter nas terras os libertos, impedindo sua mobilidade pelo território nacional, assim como o acesso a pequena propriedade (GADELHA,1989).
[27] Apenas os municípios fluminenses cafeeiros, excetuando nesse caso a província do Rio de Janeiro (KOWARICK, 1987).

pansão, acrescida de uma valorização do produto no mercado internacional, permite aos fazendeiros suportar o ônus da mão-de-obra escrava e ainda alavancar seus negócios, contando com braços acostumados ao trabalho compulsório. Kowarick (1987) chama a atenção para esta preferência, mesmo com o alto preço de cotação de um escravo, que em 1880 era equivalente a mil dias de um trabalhador livre, em detrimento ao trabalhador não cativo, que resiste a submissão de uma disciplina imposta nas fazendas de café, transformando-se em uma alternativa duvidosa para a continuidade do empreendimento.

Essa dúvida advém da cultura acerca do trabalho escravo ao longo dos tempos que, de uma maneira compreensível, afasta os homens livres de quaisquer iniciativas laborais organizadas. Desta forma, a tentativa de submissão do não cativo a esse sistema mostrou-se insatisfatória devido às condições impostas pelos senhores de fazendas às novas[28] forças de trabalho ser bastante semelhante às da escravidão. Em face desta relação[29], o homem livre tenta fugir do trabalho formal, optando pela subsistência nos interstícios da economia nacional. Forma-se, então, uma mão de obra de tarefeiros[30] cuja grande preocupação era o sustento de suas necessidades básicas como comer, dormir e vestir-se. Entretanto, em um sistema desestimulador para o trabalhador livre que o aproxima do regime escravo, os períodos entre uma tarefa e outra tendem a se estender. Para este grupo, em detrimento dos momentos laborais obrigatórios, há um deslocamento para a valorização dos períodos de descanso e não trabalho. Assim, as tarefas eram realizadas de forma que

---

[28] Ex-escravos ou descendentes diretos de negros cativos, que agora exigiam tratamento diferente da época do cativeiro (KOWARICK, 1987).
[29] Na medida em que as relações de produção fossem marcadas pelos rigores no regime de trabalho escravo, nada mais natural que a população livre encarasse o trabalho (...) Transformando-se em ralé, antes de se submeterem às modalidades de exploração, cujo paradigma é alicerçado nos grilhões e chibatas das senzalas (KOWARICK, 1987).
[30] Na medida em que o homem livre passa a ficar fora do mercado de trabalho nas lavouras do café, passa a realizar tarefas artesanais, como carpintaria, alfaiataria, sapataria e outras (...) (KOWARICK, 1987).

atendessem estritamente o necessário para a sua subsistência, sem nenhum tipo de acréscimo de ordem material, tornando-os nômades em busca do alimento e fuga do trabalho formal.

> *Observa-se que a mobilidade lhes aparece como o único recurso contra as condições adversas de existência: problemas com o patrão, salário baixo, trabalho insalubre, desavenças, desgostos (...) (FRANCO, 1997)*

Para os grandes fazendeiros, somente recorria-se a esta mão de obra como última alternativa, pois além de trabalhadores estigmatizados como vadios, preguiçosos e inúteis, os contratantes tinham que comprar todos os utensílios necessários para realização das diferentes tarefas: couro ao sapateiro, madeira para o marceneiro e assim por diante. Geralmente os prazos combinados não eram cumpridos e quando diferente, isso se dava a partir de ameaças de uso de forças ou sanções legais, que quase nunca surtiam efeitos. A união desses fatores contribui mais ainda para a rede de sentidos que aponta para um imaginário de desvalor, tanto das tarefas realizadas, quanto dos artesãos, aclarando assim o porquê dos baixos preços atribuídos a esse tipo de serviço na época. Era um período em que havia pouquíssimas opções para a subsistência do crescente número de homens livres e libertos que margeavam um sistema social pautado na desigualdade e exclusão. O trabalho compulsório associado à massa de livres que viviam às margens dessa sociedade escravocrata, perduraria até o século XIX e contribuiria para a exclusão, tanto dos negros escravos quanto dos livres e libertos, que seriam transformados em párias fora do mercado devido à falta de oportunidades e por acreditarem que o trabalho era "*tarefa de escravo, aviltante e repugnante*" (KOWARICK, 1987).

2.2 Os imigrantes e o paraíso nos trópicos

O século XIX foi crucial pelo declínio do modo de produção alimentada pela escravidão e fim do tráfico. Surge então uma questão preocupante à época: como a mão-de-obra escrava poderia ser substituída por trabalhadores livres no Brasil, se o trabalho disciplinado e regular era considerado algo de pouco valor e não havia seduzido a grande massa de homens livres e libertos? Afinal, mesmo conflituoso, o trabalho escravo continuaria com sua hegemonia até a Lei Áurea[31]; e, progressivamente, os homens livres, considerados incapazes para o trabalho por levarem a alcunha de vadios, serviriam como paliativo à transição do sistema de produção. Foi necessário recorrer aos braços imigrantes, já que o elemento nacional não fora forjado sem o trabalho livre das chibatas.

Após algumas tentativas anteriores de utilização da mão-de-obra importada, o advento da abolição dos escravos no Brasil torna

---

[31] Lei assinada em 13 de maio de 1888 pela princesa Isabel filha do imperador Dom Pedro II, que Declara extinta a escravidão no Brasil: A Princesa Imperial Regente, em nome de Sua Magestade o Imperador, o Senhor D. Pedro II, faz saber a todos os subditos do Imperio que a Assembléa Geral Decretou e ella sanccionou a lei seguinte: Art. 1°: É declarada extincta desde a data d'esta lei a escravidão no Brasil. Art. 2°: Revogam-se as disposições em contrario.
Manda, portanto, a todas as autoridades, a quem o conhecimento e execução da referida Lei pertencer, que a cumpram, e façam cumprir e guardar tão inteiramente como n'ella se contem. O Secretario de Estado dos Negocios d'Agricultura, Commercio e Obras Publicas e Interino dos Negocios Estrangeiros, Bacharel Rodrigo Augusto da Silva, do Conselho de Sua Magestade o Imperador, o faça imprimir, publicar e correr. Dada no Palacio do Rio de Janeiro, em 13 de Maio de 1888, 67° da Independencia e do Império. Princesa Imperial Regente. Rodrigo Augusto da Silva. Carta de lei, pela qual Vossa Alteza Imperial manda executar o Decreto da Assembléa Geral, que houve por bem sanccionar, declarando extincta a escravidão no Brazil, como n'ella se declara. Para Vossa Alteza Imperial ver. Chancellaria-mór do Imperio - Antonio Ferreira Vianna. Transitou em 13 de Maio de 1888.- José Julio de Albuquerque (ANNAES do Parlamento Brazileiro 1888).

irreversível a vinda[32] de braços estrangeiros para alavancar e sustentar o negócio do café. A partir de então, italianos, alemães, portugueses e posteriormente japoneses formaram um novo e volumoso contingente, que, ao contrário dos brasileiros, se constituíram sob a égide da labuta e não do pelourinho. O antropólogo Darcy Ribeiro (2002) diz que esses imigrantes que vieram em massa para o Brasil foram 'transplantados' de seus países e, a partir do processo de aculturação a que foram submetidos, enfraquecem algumas características de sua cultura de origem e adquirem novas que o autor chama de transfigurações étnicas, fazendo parte da instituição identitária do povo brasileiro.

O sistema encontrava na chegada desses imigrantes uma oportunidade para a ressignificação dos sentidos de aviltamento e degradação ligados ao trabalho compulsório, que remetia qualquer tipo de trabalho formal ao espectro do cativeiro, e consequentemente, ao encontro do esgotamento. Esse imaginário do trabalho ligado ao desvalor poderia se deslocar para o da terra prometida, do paraíso. Vejamos a canção entoada pelos imigrantes italianos: *"América, América lá se vive que é uma maravilha, vamos ao Brasil, com toda a família. América, América se ouve cantar, vamos ao Brasil, Brasil a povoar"*. Como a canção retrata em sua letra, o Brasil seria um verdadeiro empíreo, ótimo como chance de trabalho e de vida junto aos familiares, que alegres povoariam e ajudariam o desenvolvimento do país. Em sua polissemia, a terra possui um significado de grande mãe, fonte do ser e proteção que regenera e fecunda seus filhos, paraíso sempre presente no imaginário cristão.

O Brasil parece simbolizar para os imigrantes a verdadeira terra prometida com suas belezas naturais à espera de seus colonizadores. Sonhar com a possibilidade de construir a nova América

---

[32] As sérias crises que tiveram eco em toda sociedade Italiana e as influências econômicas e políticas, posteriores a Unificação da Itália (1861-1870) e a Revolução Industrial, que veio substituir a mão de obra pelas máquinas, levaram os proprietários de terras, arrendatários e assalariados à falência. BIGAZZI, (2006).

representa um grande atrativo para os europeus desejosos de possuir terras e alcançar a independência financeira. Nessa linha de pensamento, Bigazzi (2006) relata que através de cartazes o Brasil era divulgado como um verdadeiro paraíso de oportunidades de trabalho e existência nos trópicos. Kowarick (1987) e Costa (1998) apontam, ainda, que houve diversas tentativas de uso de mão de obra internacional nas lavouras cafeeiras, e que já em 1846 o então senador Vergueiro, grande fazendeiro do oeste de São Paulo, trouxera 364 famílias oriundas da Suíça e Alemanha. Essa experiência mostrou-se bastante satisfatória, tanto que o senador criou a Vergueiro & Cia., que passa a ser uma espécie de agenciadora de trabalhadores estrangeiros para as grandes fazendas cafeicultoras. A Vergueiro & Cia tinha como objetivo implementar a fixação do trabalhador na propriedade cafeeira, financiando o translado e depois repassando os custos para o empregado que já começava devedor em sua empreitada em novas terras. Esse compromisso assegurava o colono nas grandes fazendas, impossibilitando-os de procurarem outros locais de trabalho. É importante também lembrar, como nos apresenta Lamounier (1988), que ainda havia escravidão no Brasil e que o fazendeiro patrão era também senhor de escravos, com isso era comum na época uma grande semelhança entre o modo de tratamento com os colonos imigrantes e os negros escravos.

  Aos poucos os fazendeiros foram obrigados a adaptar-se ao novo tipo de relação com a mão-de-obra estrangeira, que além de ser livre exigia tratamento diferenciado do negro cativo, ameaçando os patrões de deixar o trabalho para ir à procura de outro. Em face disso, tornava-se imperioso aos grandes fazendeiros algum dispositivo legal que forçasse os colonos estrangeiros a cumprirem seus contratos até o final, mantendo-os presos às terras, e sem a possibilidade de trabalho em outras fazendas; foi assim com as leis de 1830, 1837 e 1879. As duas primeiras leis foram, na verdade, uma tentativa de escravidão camuflada, que endividava o colono ao extremo, impossibilitando-o de abandonar suas tarefas nas fazendas. A primeira versava sobre nacionais e estrangeiros, já a segunda tratava exclusivamente dos internacionais. O autor realça que a lei do ano de 1879, conhecida como lei Shimbu, foi reestruturada com oitenta e seis artigos, que dispunham sobre os livres trabalhadores, tanto nacionais, como estrangeiros, seus contratos e a locação de serviços. Esta lei vem possibilitar uma nova era na transição do trabalho escravo para o trabalho livre, em um regime que destacava os imigrantes europeus em detrimento aos nacionais que tinham dificuldade no acesso ao trabalho e, acima de tudo, carregavam o estigma de vadios, imprestáveis e vagabundos.

Seguindo o modelo implantado pelo Senador Vergueiro, o objetivo era explorar ao máximo a força de trabalho imigrante, além de tornar nula a movimentação dos colonos entre as fazendas. O sistema utilizado pelos fazendeiros para lidar com a mão-de-obra estrangeira foi na intenção de levar o trabalhador ao endividamento hereditário. Após a empreitada realizada pela Vergueiro & Cia, o próprio Estado passa a subsidiar as passagens dos colonos para o trabalho nas lavouras, porém o sistema de endividamento continua, sobretudo pela desorganização dos trabalhadores do campo. Com isso os grandes proprietários continuam impondo um sistema quase que compulsório, com multas absurdas e castigos corporais para os desobedientes das injustas regras impostas pelos patrões. Os colonos se viam obrigados a fazer suas compras nas vendas das próprias fazendas, pagando com ágio os produtos adquiridos para subsistência, além de outras medidas espoliativas que só faziam o colono se endividar cada vez mais junto ao seu patrão.

Mesmo diante desse quadro, Kowarick destaca que o número de trabalhadores estrangeiros cresceu ao ponto de os grandes fazendeiros perceberem que havia abundância de mão-de-obra para o lucrativo ramo da lavoura, destacadamente do café. Neste caminho os salários pagos aos trabalhadores rurais são deteriorados cada vez mais, aumentando a dependência dos colonos aos fazendeiros. Para se ter uma ideia, enquanto os escravos fugiam das fazendas para se amontoar nos quilombos[33], os imigrantes, num caminho oposto, procuravam ingressar no trabalho da lavoura engrossando ainda mais o contingente de trabalhadores estrangeiros no Brasil. A partir de então, o autor analisa que ficavam cada vez mais desnecessários os maus tratos, pois fora instaurado um sistema de mais valia[34] que ia além das extenuantes horas de trabalho mal remuneradas. O preço pago pelos produtos consumidos nas vendas das próprias fazendas, sob a direção dos seus donos, era muito mais alto do que os próprios trabalhadores vendiam aos patrões, contribuindo assim com um processo de endividamento que começava com os custos da viagem ao Brasil e continuava através desse sistema que alimentava tal capitalismo, norteador das relações de consumo e de patronagem entre fazendeiros e colonos.

2.3 Sem lenço e sem documento: exclusão e repulsa dos livres ao trabalho formal

Os livres, representados notadamente por negros, mulatos, mamelucos e brancos desempregados, não encontravam oportunidades de trabalho, sobretudo, nas lucrativas lavouras cafeeiras, que empregava a força de trabalho imigrante: *"o assim chamado ele-*

---

[33] Palavra banto cujo significado na época da escravidão foi: ajuntamento de escravos fugidos. Existiram vários quilombos durante a escravidão no Brasil, sendo o mais afamado o quilombo dos Palmares, localizado na serra da barriga na época território do estado de Pernambuco. Durante a escravidão os quilombos foram importantes para o movimento de resistência ao cativeiro, desgastando social e financeiramente o sistema escravocrata (MOURA, 2004).

[34] Conceito utilizado por Karl Marx (1968) para destacar a exploração imposta ao proletariado pelo proprietário dos meios de produção. A mão de obra dos operários é o único valor utilizado para aumentar o valor de sua produção. Ao vender sua força de trabalho ao empregador, em troca de um pagamento, essa força se torna moeda de troca como qualquer mercadoria. O valor dessa força é determinado pela quantidade de trabalho destinado a produção. Porém o patrão prolonga ao máximo o período de trabalho do operário. Este sobretrabalho cria um subproduto, uma mais valia que não é repassada ao trabalhador, muito pelo contrário lhe é subtraída, marcando sua exploração.

mento nacional só foi usado acessoriamente para tarefas bastante precisas, no mais das vezes perigosas, como o desmatamento" (KOWARICK, 1987). A eles restava cumprir um papel marginal dentro da economia hegemônica ou as tarefas consideradas arriscadas, principalmente em regiões que se encontravam estagnadas, como o decadente Vale do Paraíba.

Lewkowicz (2008) acrescenta que, somado a exclusão do homem livre pelo preconceito estabelecido, havia uma espécie de retaliação aos forros que participaram ativamente das campanhas abolicionistas. Este tratamento difere do dispensado aos imigrantes, pois foram direcionados notadamente às zonas de maior dinamicidade como o oeste paulista, que passava a despontar no lucrativo empreendimento cafeeiro, destacando-se do decadente Vale do Paraíba. O uso da força de trabalho nacional foi necessário apenas nas regiões em declínio e para tarefas que os colonos se recusavam a fazer, pois qualquer perda não traria prejuízo aos fazendeiros, já que não possuíam um vínculo formal como os escravos e colonos com seu alto preço. Esta prática levou a instituição de uma escala de valores para os trabalhadores da época: em primeiro lugar os imigrantes, em segundo estavam os trabalhadores nacionais e por último os ex-escravos.

Com essa desvalorização, sobram para a mão de obra livre as piores tarefas possíveis, tais como: o desmatamento e desbravamento novos territórios a serem explorados, o trabalho na implantação das ferrovias e os serviços tanto à colônia quanto ao império, nos diferentes distúrbios sociais. Os autores lembram que os chamados nacionais mantinham a pior impressão possível acerca do trabalho e com isso insistiam na cultura de subsistência, mesmo que os levasse a um estado de miséria e nomadismo. A ligação dos livres e forros ao estigma de vadios, vagabundos e inaptos para o trabalho formal apresenta uma conotação ideológica, a fim de justificar a escravidão e posteriormente criar um campo para a exploração dos colonos estrangeiros, *"para tanto, era necessário depreciar os na-*

cionais, isto é, retirar-lhes as possibilidades de trabalho, recriando as condições materiais de sua marginalização e atribuindo-lhes a pecha de indolentes e indisciplinados" (KOWARICK, 1987).

Antes e depois da abolição dos escravos no Brasil, o que se vê é o sentimento de repulsa e fuga obstinada do trabalho formal por parte dos livres e forros, não por serem incapazes, mas por opção, preferindo a cultura de sobrevivência, do gozo, do ócio e do festejo. É nesse sentido que a condição de livre permitia ao elemento nacional optar pela rebeldia e desobediência, em oposição ao trabalho degradante, afinal

> *Dessa forma, repudiou a submissão da disciplina produtiva trabalhando nas fazendas quando outra alternativa não se mostrasse viável, pois nelas sua condição de pessoa livre era constantemente e impunemente aviltada pelas regras de submissão baseadas na escravidão (KOWARICK, 1987).*

Esta liberdade permitia ao nacional escolher[35] quando trabalhar, quando descansar, quando festejar e quando partir, desagradando bastante os grandes fazendeiros que se viam inseguros e impossibilitados de contar com seus serviços. A única forma para frear ou modificar tal autonomia foi a exclusão dessa mão de obra do mercado industrial então embrionário no país. Essa rejeição motiva uma ideologia da vadiagem, formada a partir do desinteresse e exclusão do trabalho de caráter formal, dirigido despoticamente pelos patrões; e da valorização do não trabalho, do ócio e da ludicidade dos festejos. Institui-se uma massa de ex-cativos e homens livres descompromissados e, de certa forma, contrários a qualquer espécie de trabalho formal, preferindo vagar à procura da subsistência e di-

---

[35] Reiterou-se sua vida errante: inadequado para as tarefas produtivas – pois era inadmissível submeter-se aos desmandos daqueles que antes eram donos de escravos e depois se transformaram em patrões, sem mudarem a mentalidade senhorial e despótica de lidar com o homem livre – esse vasto segmento da população, simultaneamente, rejeitou e foi rejeitado pelo fazendeiro que se utilizou do trabalho cativo e posteriormente do braço estrangeiro (KOWARICK, 1987).

versão, mesmo que efêmera, vivendo um dia de cada vez sem se importar em acumular bens para o amanhã[36].

Franco (1997) aponta o fluxo dos livres e libertos como alternativa à dupla exclusão dos processos produtivos da época, ficando limitados em um estilo de existência à margem, que os reparte da sociedade dita civilizada. Esse trânsito responde ao caráter marginal constitutivo desses grupos, que ficam estigmatizados como maus andarilhos. Cândido (1979), por sua vez, concorda com a autora ao asseverar o desapego ao trabalho formal, por parte dos livres, como uma das razões da exclusão do mercado de trabalho, reiterando como consequência a produção estritamente necessária para a sobrevivência e o destino de uma larga margem de tempo para o lazer e a festa, alimentando os estigmas de preguiça e vadiagem que lhes seriam dificilmente transponíveis ao longo dos tempos.

Em diferentes condições encontravam-se os grandes fazendeiros do vale do Paraíba, pois restavam poucos espaços destinados ao lazer e ao divertimento. Ao fazer uma análise das construções e mobiliário de época, Franco observa que ambos remetem à árdua labuta nas colheitas cafeeiras, não havendo indícios de conforto em móveis, tampouco espaço físico convidativo para as brincadeiras infantis, restando como cenário predominante as plantações de café, principal fonte de renda da época e prioridade para os patrões. Direção oposta dos livres e libertos, que devido às circunstâncias sociais gozavam dos prazeres possíveis que a vida lhes destinaria em seu enorme quintal sem fronteiras: o mundo. Enquanto os fazendeiros se preocupavam com o acúmulo do lucro obtido com a campanha cafeeira, em detrimento até mesmo da educação dos filhos, que cedo ingressavam no trabalho nas colheitas deixando os estudos escolares de lado; os livres e libertos tiveram na mobilidade e na negação do trabalho formal subsídios para a consolidação de um estilo de

---

[36]Da mesma forma que a cigarra da fábula de Esopo que dedicava seu tempo a cantar e aproveitar a vida enquanto a formiga trabalhava e juntava alimentos para o inverno (MCNALLY, 1919).

vida que, para além de cultuar o ócio e o festejo, marca uma posição contrária ao poder socialmente instituído, caminhando na marginalidade em relação ao Brasil idealizado pelos governantes da época, que transforma ladrões em barões e o povo em ralé.

2.4 Chegando ao Rio de Janeiro

Com a população livre e os libertos cada vez mais afastados do mercado de trabalho qualificado, restando como alternativa o nomadismo por entre as cidades, eis que os maus andarilhos aportam a principal cidade do Brasil na época. Lopes (1992) e Moura (1995) apontam que, com o advento da abolição, a capital do Império aumenta significativamente sua população, principalmente com esses migrantes vindo das decadentes áreas do Vale do Paraíba. Somam-se a eles, os veteranos da guerra do Paraguai, os flagelados da grande seca que assolava o nordeste e os habitantes das demais províncias, que viam na capital chance de melhores condições de subsistência. Este fluxo quase duplica a população do Rio de Janeiro nas últimas décadas do século XIX.

O historiador Sydnei Chalhoub (1990) indica o Rio de Janeiro como cidade negra, já que durante vários anos foi rota final de cativos fugitivos de todo o país. Ao chegar à cidade os escravos encontravam refúgio nos cortiços, zungus e maltas da capital. Brasil Gérson descreve em *História das ruas do Rio* (1965) que o fluxo advindo da estrada de ferro que ligava o Vale do Paraíba ao Rio de Janeiro, citando o cenário do bairro carioca da Saúde, desenvolvido, sobretudo, por servir de polo comercial do café, atraindo tropas de trabalhadores rurais que passaram a engrossar a população local na virada dos séculos XIX para o XX. João do Rio (2009) acresce que a região da Saúde ficará marcada ao longo dos tempos pela contribuição cultural de seus habitantes.

Chalhoub (2001) revela que em 1872 o Rio de Janeiro possuía 274.972 habitantes e que em 1890 a capital da recém proclamada república tinha 522.651 habitantes. O autor enriquece os dados informando que 34% dessa população era constituída de negros ou mestiços e que grande parte[37] desse grupo era formado por livres e forros, vindos de outras regiões do país, fazendo com que o Rio de Janeiro liderasse o ranking de maior população negra e mulata no sudeste. Moura (1995) e Dias (2001) acrescentam que na mesma época ocorre a chegada de um grande contingente de ex-escravos oriundos da antiga capital Bahia, ocupando principalmente a região da Saúde, Gamboa e Pedra do Sal, que mais tarde ficaria conhecida como a "pequena África no Rio de Janeiro[38]". Com esse grande aumento no número de livres e forros na capital, passa a existir uma abundante oferta de mão-de-obra, acirrando a disputa pela sobrevivência dos populares.

Essa demanda aumentada ocasiona uma falta de oportunidades (em alguns casos vontade), de adesão de grande parte da população a empregos formais assalariados, restando como alternativa o ingresso em massa no mercado intersticial - como ambulantes, jogadores, biscateiros e pedintes - que passa a se formar na cidade do Rio de Janeiro[39]. Esse cenário vem inquietar os donos do capital, que

---

[37] Chalhoub (2001) argumenta que não é possível precisar o número exato desses migrantes, pois o censo da época não distinguia os negros e mestiços por nacionalidade e origem.

[38] Região em que se encontrava o grande mercado de escravos do Valongo e que aglutinou a cultura religiosa das tias Baianas, Ciata, Mônica, Bibiana, Perciliana, entre outras, que junto ao *Babalorixá* João Alabá, resguardaram e proliferaram os ensinamentos do *Candomblé*. Tia Ciata merece destaque pelo papel que desempenha para a manutenção dos costumes africanos em meio à repressão policial na época. Nas festas em sua casa regadas a culinária baiana, se pratica o *Jongo*, batuque, capoeira, partido alto, sambas, *raiado* e *chulado*, todos camuflados pelo som da música instrumental, que caracteriza o estilo musical conhecido como o choro, melhor aceito socialmente (MOURA, 1995).

[39] As extensas massas de trabalhadores nacionais que chegam às cidades – centros antiescravagistas do período anterior, logo, símbolos e promessas de liberdade – passam a transitar sem condições de penetrar em seu mercado de trabalho regular e sustentar suas regras, sejam eles negros ou nordestinos expulsos pela seca, funcionando como um exército proletário de reserva entregue aos serviços mais brutos e sem garantias, exercendo efeitos depressivos sobre as condições de remuneração (MOURA, 1995).

enxergavam esse mercado informal como pernicioso ao novo sistema republicano que nascia à sombra do capitalismo. Além da desconfiança dos empregadores, as lembranças dos castigos aplicados durante a escravidão estavam ainda frescas na memória, sobretudo dos livres e forros. Havia a necessidade de mudança dessa impressão negativa relativa ao trabalho. Vale recordar que tanto no Vale do Paraíba quanto na Província do Rio de Janeiro a escravidão deixou marcas profundas, afugentando as massas de libertos da mão-de-obra formal.

Seria imperioso que o conceito de trabalho recebesse valoração, articulando-se àqueles próximos dos positivistas para estimular o país no sentido do avanço e da modernização. Melhor dizendo, a necessidade de que os homens livres internalizassem a noção do trabalho como algo positivo, passava pela inevitável ressignificação do seu sentido. A fim de garantir essa mudança, entra em vigência uma perseguição policial, que objetiva a submissão do homem livre às normas vigentes. Essa ação diretiva era aplicada no cerceamento da liberdade dos recalcitrantes, que além de serem alcunhados de vadios, promíscuos ou desordeiros, podiam ser atirados a qualquer momento às prisões, com o intuito de serem devidamente corrigidos, educados e transformados em trabalhadores. Afinal, como afirma Locke (1983), devem ser combatidos o esmorecimento, a preguiça e o vício daqueles não dispostos ao trabalho.

A repressão ao ócio passa a ser pauta principal dos parlamentares e pessoas influentes da época que viam nesses andarilhos uma verdadeira corja pronta a furtos e crimes contra o cidadão de bem. Em virtude, eram aplicados processos educativos que passavam pela reclusão em regime fechado com trabalhos agrícolas forçados, contando também com o acúmulo de um irrisório pecúlio, fruto de seu trabalho nas colônias correcionais, entregue ao fim da pena, com o intuito de estimular o recluso ao ingresso no trabalho formal. Era necessário incutir no cidadão, de qualquer jeito, o hábito ao trabalho, já que na ótica dos governantes essa era a única forma de moralizar a cidade e o povo. Como ensina Foucault, essa reclusão em cárcere fechado é bastante eficaz no processo de docilização dos corpos recalcitrantes, afinal a coerção faz parte de uma trama que objetiva uma mudança não só nas atitudes, mas principalmente nos pensamentos perigosos à ordem desejada.

> *O castigo e a correção que este deve operar são processos que se desenrolam entre o prisioneiro e aqueles que o vigiam. Processos que impõem uma transformação do indivíduo inteiro – de seu corpo e de seus hábitos pelo trabalho cotidiano a que é obrigado, de seu espírito e de sua vontade (FOUCAULT, 1987).*

Nos primeiros anos de república se delinearam dois universos opostos: o do trabalho e o da ociosidade. Enquanto o primeiro colocava o trabalhador nos trilhos sociais da virtude e do progresso, o segundo era passaporte para o crime e a marginalidade. Esse maniqueísmo irá contribuir durante anos para a diferença das condições de vida e oportunidades sociais entre esses dois grupos. Em um plano ascendente encontram-se os trabalhadores formais, considerados dotados do mais alto grau de moralidade e civismo; no plano descendente estão os ociosos, chamados de avessos ao trabalho, depravados e desordeiros, detentores da pecha de marginais e delituosos, seres nocivos à incipiente e almejada república.

Essa divisão vem instaurar uma leitura social que remete o primeiro grupo ao patamar de homens bens sucedidos, a partir de sua dedicação ao labor, enquanto ao segundo resta o estigma que condiciona sua pobreza à aversão ao trabalho. É uma visão moralista, que segundo Locke dicotomiza a sociedade em dois grandes grupos, os trabalhadores e os preguiçosos. Além do estigma, o grande contingente de negros trazidos ou nascidos no Rio de Janeiro passa a confrontar-se com particularidades determinantes para a nova realidade da capital: a ignorância dos códigos trabalhistas, o preconceito racial e dificuldades de ingresso nas indústrias, comércio e demais empreendimentos no período pós-abolição.

Essa trama parece contribuir para a construção da concepção de preguiça[40] do brasileiro, sobretudo do pobre, que com pouquíssimas oportunidades e a experiência negativa nas relações servis vivida em sua história, se afasta cada vez mais das fileiras do trabalho formal, perdendo espaço principalmente para o imigrante estrangeiro, que se estabelece na cidade do Rio de Janeiro, gradativamente desde os anos que sucedem a abolição da escravatura, vindo a ocupar lugar de destaque na economia carioca. Instaura-se na cidade uma luta pela sobrevivência entre o comerciante estrangeiro favorecido e o brasileiro, negro ou descendente, pobre e excluído, dado em grande parte pelo estigma que acompanha o trabalhador nacional desde os primeiros anos de trabalho livre no Brasil.

Moura (1995) descreve que o primeiro passa a obter vantagens devido ao corporativismo entre os patrícios, que preferem empregar seus pares em detrimento dos nacionais, que ao serem preteridos são direcionados às fendas da sociedade na busca pela sobrevivência. Ao investigar os arquivos policiais da época, Chalhoub (2001) afirma que essa rivalidade faz aumentar os registros criminais envolvendo brasileiros e imigrantes, ocasionados por motivos sociais e econômicos, oriundos das relações comerciais conflituosas entre ambos. Os motivos desses embates passam a ser cada vez mais banais, vindo a revelar a repulsa entre os dois grupos, que se colocavam como inimigos mútuos, alimentando esse conflito nas páginas policiais, no cotidiano do Rio de Janeiro. O autor aponta que a rivalidade começa por um lugar no mercado de trabalho e agrada aos donos do capital, que passam a lucrar com a reserva de mão-de-obra, pois mesmo sendo ocupada preferencialmente por estrangeiros, têm os nacionais como alternativa e estimula os baixos salários.

Diante deste quadro excludente, restava aos negros forros se incorporarem à crescente massa que para sobreviver procuram ocu-

---

[40] Lafarge (2000) analisa a preguiça a partir de dogmas religiosos que inculcam valores negativos ao ócio, atribuindo a pecha de pecador e consequentemente responsável por seu destino, seja de expiação ou de sucesso, dependendo de sua relação com o trabalho.

par os subempregos, além de viver de expedientes às margens da sociedade como malandros, prostitutas e cafetões. Ressalta-se que muitos desses subempregos eram recusados por serem tarefas degradantes e aviltantes, herança do período do cativeiro. Impunha-se um dilema: se o trabalhador estrangeiro recusava esse tipo de ocupação, por que o nacional haveria de ocupar? Frente à recusa[41] dos livres e libertos em aceitar os subempregos que lhes restariam eles passam a sobreviver nos interstícios da sociedade. Malícia e maleabilidade tornam-se moedas de troca para o fluxo na cidade do Rio de Janeiro. Quem não as possui acaba sendo tragado pela onda urbana que leva grande quantidade de negros às raias do desespero, da bebida, do suicídio, da prostituição e da mendicância. Esta realidade foi imputada, destacadamente, às mulheres descasadas ou viúvas, mães de filhos pequenos, como também, aos mais idosos, combalidos pela vida em cativeiro. Aos melhores dotados fisicamente, era mais "digno" viver à margem, aplicando desde golpes e expedientes irregulares, até delitos como furto e assassinato.

Ao investigarmos na literatura os delitos e ocorrências policiais no Rio de Janeiro durante a transição da escravidão para o trabalho livre, não poderíamos deixar de trazer à baila nosso principal objeto de estudo, afinal, com as inúmeras prisões pelo crime de capoeira que conforme Dias (2001), Soares (2004), Ferreira (2007) e Tonini (2008) assombraram a cidade desde a primeira metade do

---

[41] Muitos não procurariam uma relação regular com o trabalho, inconstantes em paradeiros e ocupações, ainda redefinindo suas vidas, traumatizados pela experiência como escravos, se incorporando às rodas de vagabundagem e eventualmente da criminalidade, empurrados, estereotipados, pela nova racionalidade social. O reconhecimento da própria dignidade através da experiência da liberdade choca-se com a dramaticidade das condições de vida e expressão a que é exposto o ex-escravo na República brasileira. Seu amoldamento à rotina do operário fabril é dificultado pela subestimação e pela suspeita, tornando frequentes os casos de indisciplina agressiva ao sistema de supervisão e controle. Some-se a isso a desmotivação inicial frente aos modestos horizontes oferecidos como recompensa à atividade disciplinada e constante do trabalhador subalterno (MOURA, 1995).

século XIX, a capoeira viria ser marca indelével no contexto urbano carioca desse tempo.

2.5 Do Império à República: rasteiras e navalhas na capital do Brasil

A capoeira é descrita por Soares (2004) como um fenômeno diretamente ligado aos negros e sua condição cativa, um processo de aculturação experimentado por escravos africanos que ressignificaram seus ritos, cerimoniais, danças e costumes, como resposta aos dissabores oriundos de uma cultura urbana opressora. Já Liberac (2010) investiga as páginas criminais da época e relata passagens de escravos sendo presos por praticarem capoeira, assinalando a disputa dos comerciantes cariocas e portugueses contra os capoeiras e suas navalhas. Cabe-nos, entretanto, a importante ressalva que, embora existam relações entre o contexto apresentado e a capoeira institucionalizada dos dias atuais, o termo capoeiras em vez de capoeiristas se aplicava às atividades desenvolvidas por escravos e livres que agiam perturbando a ordem social.

Em sua análise sobre os capoeiras criminosos, Soares se depara com a existência de uma identidade coletiva construída a partir de códigos culturais e ancestrais revividos no contexto da escravidão urbana. A capoeira, mais que uma forma de resistência ou adaptação dos negros em cativeiro, era uma maneira de reorganizar a identidade deixada na África, capaz de aglutinar escravos e livres em torno de um ideal. Assobios, fitas amarelas e encarnadas, chapéus e lenços eram parte de seu universo simbólico no início do século XIX.

O crime de capoeira perpassa do Império à República, estando presente nas páginas criminais do Rio de Janeiro desde 1808 e constituindo-se um dos principais problemas sociais da época. Apesar de não estar previsto por lei, a repressão aos capoeiras se respaldava na assinatura do termo de bem viver[42]. Este documento era um acordo oficial de compromisso para quem o assinava, comprometendo-se a procurar um trabalho formal e não reincidir em seus atos nocivos à sociedade; o termo constava no código de processo penal de 1830, sendo destinado aos vadios, mendigos, bêbados, prostitutas e demais perturbadores da ordem.

Os delitos de capoeira eram praticados geralmente em grupos organizados conhecidos como maltas, compostas de hierarquia e organização próprias, com chefia definida e símbolos de pertencimento. As duas principais maltas existentes no Rio de Janeiro eram os *Guaiamus* e os *Nagoas*. As maltas eram unidades fundamentais e aglutinadoras para o convívio e ação dos praticantes da capoeiragem. Compostas por três até cem ou mais elementos, seus componentes oscilavam[43] entre os vinte e trinta anos de idade, cabendo aos mais velhos e antigos na malta uma posição hierárquica superior, que se dava também por atos de audácia e valentia evidenciadas principalmente nas pelejas contra a polícia ou maltas rivais.

O ingresso em uma malta começava desde cedo. Dias (2001) relata que uma das grandes preocupações da época era os grupos de crianças abandonadas, sem pais ou responsáveis que engrossavam as maltas de capoeiras auxiliando nos furtos e crimes, a esses jovens postulantes dava-se o nome de *carrapetas* ou *caxinguelês*. Essas crianças eram submetidas a ritos de iniciação no interior das maltas, que constavam de delitos progressivos. Começava-se na observação e aviso quando algum capoeira adversário adentrava seu território, passando por vir à frente das maltas fazendo provocações e debo-

---

[42] Documentos processuais expedidos pela "polícia" do império contra aqueles indivíduos encontrados fora de um certo padrão de tolerância exigido pelo Código do Processo Criminal de 1832. Estes processos não diziam respeito às infrações consideradas criminosas, eram essencialmente normatizadores da ordem pública, portanto podia-se fazer prender no caso da reincidência da sua assinatura. Esse termo estava previsto no código de processo penal de 1830 (MARTINS 2003).
[43] Segundo Soares (2001) os capoeiras ingressavam nas maltas aproximadamente aos 18/ 20 anos.

ches aos inimigos e/ou transeuntes; e finalmente os mais complexos, como a prática de algum furto ou ferir um rival. Para tanto, o novato aprendiz vivenciava passagens que iam desde os golpes de capoeiragem ao manejo de paus e facas, e só então, estaria o jovem aspirante aceito para o ingresso em alguma malta.

Existem semelhanças na hierarquia do crime organizado atualmente no Rio de Janeiro, em que crianças ingressam como fogueteiros[44], endoladores[45] e aviões[46], galgando novos postos que vão desde soldados[47] a líderes[48] do tráfico. Dias (2001) cientifica que *Guaiamus* e *Nagoas* são na verdade duas grandes nações aglutinadoras de pequenas maltas, senão vejamos, os *Nagoas* englobam as maltas de Santa Luzia, São José, Lapa, Flor da gente, Santana, Moura, Bolinha de prata entre outras menores, enquanto os *Guaiamus* são compostos por: São Francisco, Santa Rita, Ouro Preto, Marinha, São Domingos de Gusmão, fora outras tantas. Segundo o historiador a ideia de nação caracterizava uma organização territorial e simbólica demarcando áreas pertencentes a *Guaiamus* e outras a *Nagoas,* sem falar em cores e indumentárias próprias de cada malta.

As maltas ficaram conhecidas pelo ajuntamento dos capoeiras, que em bando, levaram terror e preocupação à província do Rio de Janeiro. Representavam uma forma associativa de resistência comum entre cativos e livres pobres, dividindo-se nessas duas grandes facções rivais. Podemos apontar as maltas como a primeira manifestação de crime organizado no Brasil, com área balizada e códigos

---

[44] São os menores que ficam nas entradas das favelas e ao sinal de polícia ou facção criminosa adversária acendem morteiros a fim de avisar os companheiros do perigo (LUND e SALLES, 1999).
[45] São menores e mulheres que ajudam na embalagem das drogas (LUND e SALLES, 1999).
[46] São jovens que transportam a droga do morro para outros pontos da cidade (LUND e SALLES, 1999).
[47] Jovens armados que defendem o ponto de venda de drogas em morros e favelas (LUND e SALLES, 1999).
[48] Cargos de liderança dentro das facções que podem ser classificados como: gerentes, donos de ponto de vendas de drogas, dono do morro e líder de facção (LUND e SALLES, 1999).

próprios de pertencimento, bastante semelhantes aos grupos de criminosos na atualidade, que concentram pequenas quadrilhas em torno dos grandes comandos, a exemplo do comando vermelho e o terceiro comando no Rio de Janeiro. Já na perspectiva de Hobsbawm (2010), a iniciativa criminosa dos capoeiras pode ser enquadrada na esteira do banditismo social, que insurge como resistência popular contra um sistema dominante repressor, preferindo o caminho da oposição e da marginalidade ao invés da sujeição passiva.

As maltas *Guaiamus* e *Nagoas* foram retratadas na literatura da época. Plácido de Abreu[49], em *Os capoeiras*, se dedica a ilustrar algumas particularidades desses grupos, prometendo lançar posteriormente um livro, cujo título seria o nome das duas afamadas maltas, projeto que não ocorreu. Já no clássico de Aluísio Azevedo *O cortiço*, *carapicus* e *cabeças-de-gato* protagonizam as maltas, nos remetendo a *Guaiamus* e *Nagoas*, retratadas como dois grandes amontoamentos de capoeiras e desordeiros, tendo no mulato Firmo um tipo ágil, forte, destro e esperto, um autêntico capoeira da época.

Tanto *Guaiamus* quanto *Nagoas* se diferenciavam pelas características e cores do vestuário. Na revista Kosmos (1906), confrontam-se dois personagens, os *Nagoas* trajados com roupas encarnadas, sobrepostos com uma cinta banca e chapéu de aba batida para frente; e os *Guaiamus*, com cinta encarnada sobre os trajes brancos e chapéu com aba na frente elevada. Abreu nos conta que se em um bar estavam dois capoeiras inimigos, o primeiro, para provocar, pedia um copo de vinho e outro de aguardente, derramava a cachaça no chão para pisá-la e sobre ela então jogar o vinho. Era o que bastava para se deflagrar uma contenda, pois um capoeira jamais consentiria em ver sua cor pisada por um adversário. Situação contrária também acontecia protagonizada pelos *Nagoas*, e a resposta eram rasteiras, golpes, cabeçadas ou o aço frio da navalha.

---

[49] Plácido de Abreu era cronista e também capoeira, opositor das ações ditatoriais de Floriano Peixoto, foi assassinado no ano de 1894, fruto de represálias de suas ações insurgentes (MOURA, 2009).

Soares (1994) relaciona a malta dos *Nagoas* com africanos e baianos radicados no Rio de Janeiro, seguidores ou próximos ao culto aos *Orixás*. Em sua análise, o branco pode aludir à cor dos *Orixás* superiores, que tem como expressão máxima *Olorun* o criador do *orum*[50], do *aiê*[51] e de todos os seres. Já os *Guaiamus* estavam ligados aos capoeiras nascidos no Rio de Janeiro, tendo a cor vermelha como emblema, talvez devido a localidade do grupo ser em território abundante em uma espécie de barro vermelho, muito propício a crustáceos também conhecidos como guaiamus. Nina Rodrigues (2004) assinala a ligação das cores branca e vermelha com o culto aos Orixás no Brasil, cabendo aos sacerdotes utilizarem vestes sagradas com essas cores. Convém lembrar que o branco e o vermelho simbolizam o malandro carioca em alegorias e na religiosidade afro-brasileira através da entidade conhecida como Zé Pilintra[52].

A rivalidade entre as duas principais maltas de capoeiras espalhou rastro de sangue na vida urbana carioca, atraindo uma forte perseguição pela polícia, que só não teve tanto êxito no confronto devido à proteção política que cada malta possuía, pois ao participarem ativamente na vida eleitoral do Rio de Janeiro apoiando os partidos da época, figuraram notadamente no processo de transição entre o império e a república. Uma das soluções paliativas sugeridas pelos parlamentares foi a convocação em massa dos elementos marginais, destacadamente os vadios e capoeiras, para as fileiras do exército, só assim poder-se-ia corrigir os capoeiras e evitar que vadios e desocupados ingressassem em alguma malta.

De acordo com Cunha (2000), resolve-se enfim que as fileiras da caserna serviriam de aporte moral para os criminosos, que poderiam aprender a valorizar não somente o trabalho, mas o seu país. Essa valorização favoreceria por demais o Exército brasileiro que desde 1831 estaria relegado a um plano inferior, tendo a guarda na-

---

[50] Céu na língua *Yorubá* (OGBEBARA, 1998).
[51] Terra na língua *Yorubá* (OGBEBARA, 1998).
[52] Entidade da Umbanda que simboliza os malandros do Rio antigo (MOREIRA, 2007).

cional[53] como a principal instituição controladora das revoltas e distúrbios urbanos no Brasil. Porém, essa guarda se mostrava ineficaz para grandes conflitos externos e o Brasil precisava fortalecer suas fronteiras, já que Solano Lopes, presidente do Paraguai, invadia o território brasileiro de Mato Grosso[54], vindo posteriormente penetrar na comarca do Rio Grande do Sul, deflagrando a guerra do Paraguai, que contou com a participação ativa de Brasil, Argentina e Uruguai como aliados contra as tropas paraguaias. O autor nos diz, ainda, que para esse reforço houve o recrutamento compulsório dos vadios, desocupados e dos capoeiras que, além de avigorar as fileiras do exército, daria início a uma limpeza étnica nas ruas do Rio de Janeiro. Realça, também, que um dos mais célebres capoeiras da época, o famigerado Manduca da Praia, chegou a andar com guarda-costas a fim de evitar o alistamento obrigatório e o compromisso com a pugna e com o exército que:

> *Dentre seus integrantes, muitos recrutados na casa de detenção, os capoeiras, os mesmos arruaceiros que povoavam a crônica policial do Rio de Janeiro e tanto temor espalhavam pelas ruas da cidade.* (CUNHA, 2000)

No entanto, houve também por parte do governo uma promessa de alforria aos cativos que servissem ao exército na guerra do Paraguai. Essa medida desloca o caráter forçoso do alistamento para uma atitude voluntária, acarretando inclusive diversas fugas de escravos, principalmente das fazendas do Vale do Paraíba. Soares

---

[53] Força paramilitar criada por lei no ano de 1831 e extinta em 1922. Sua função era de proteger e vigiar a constituição da época, manter a obediência às leis, conservar e estabelecer a ordem além de auxiliar o exército nas fronteiras e nas costas (CUNHA, 2000).

[54] Para Julio César Tavares (1984) o ataque em Mato Grosso foi a desculpa usada para conter a crescente e autônoma economia paraguaia, incomodativa aos interesses britânicos que subsidiaria os países: Brasil, Argentina e Uruguai para brecar o crescimento de Solano Lopez. Tavares cientifica que até hoje não existe certeza se o ataque partiu das tropas de Solano ou dos próprios ingleses a fim de forçar o Brasil a encampar a guerra contra o Paraguai.

(1994) destaca que foram desses dois modos que o governo provincial encaminhou para guerra tanto indivíduos voluntários, como muitos outros obrigados, atestando que durante a ação militar os registros da polícia da corte deixam de anotar a prisão por crimes de capoeira, indicando a ideia de um alistamento em massa.

Além da promessa de alforria aos escravos engajados na guerra do Paraguai havia o incentivo dos latifundiários ao alistamento militar, uma vez que para os fazendeiros era interessante enviar negros cativos ao campo de batalha, ganhava-se prestígio com o poder governamental da época e futuras facilitações por parte das lideranças. A guerra do Paraguai afetou enormemente a vida brasileira, tanto no trabalho, como na indústria, comércio e política, mas, acima de tudo nas relações escravistas. Os escravos foram obrigados a lutar enquanto os senhores continuavam com suas mordomias. Após cinco anos de guerra morreram em combate cerca de cem mil negros e apenas vinte mil retornaram. Nas fileiras, além de escravos, capoeiras, negros livres e mulatos, estavam alistados brancos desocupados, imprestáveis para as elites. Para cada soldado branco havia 45 soldados negros mandados para morrer no campo de batalha, sem falar nos que não aguentaram ao treinamento e maus tratos.

Cumpre enfatizar a participação da tropa dos *Zuavos*[55] baianos, que segundo Soares (1994) eram compostas de grande quantidade de capoeiras, sendo reconhecidos por seus atos de bravura durante a campanha da guerra do Paraguai, com destaque para a tomada da fortaleza do Humaitá, batalha emblemática, que além de fazer mais de mil prisioneiros inimigos, marca simbolicamente a derrocada das tropas de Solano Lopez. Essa batalha ficou imortalizada em algumas produções[56] artísticas e culturais, marcando o

---

[55] Nome dado às tropas formadas pelos negros vindos da Bahia que fizeram sucesso como voluntários da pátria durante a guerra do Paraguai. O nome faz alusão aos Zouaouas da tribo dos Kabylas na África que foram incorporados ao exército Francês em 1838 (CUNHA, 2000).
[56] Pinturas e outras obras de arte retratam a passagem da guerra do Paraguai, com destaque a tomada do Humaitá (CUNHA, 2000).

imaginário religioso afro-brasileiro ilustrado em alguns pontos[57] de Umbanda e cantigas de capoeira, associando o sucesso da contenda, à proteção do Orixá africano *Ogun*, simbolizado na Umbanda como general de todas as batalhas espirituais. Por isso *Ogun* é conhecido como o *Orixá* vencedor de demandas, ouçamos o ponto: *"Ogun já venceu demandas nos campos do Humaitá, Ogun já venceu demandas, vamos todos saravar (...)"*. Recorrente em outras cantigas: *"nos campos do Humaitá Ogun Megê, eu vi uma nação florir Ogun Megê (...)"*. Como os *Zuavos*, os capoeiras, demais escravos e forros participantes da campanha poderiam ser ligados à religiosidade africana, sendo provável que, ao partir para batalha e nos momentos difíceis da peleja, tenha-se evocado a proteção do Deus da guerra africano *Ogun*. Assim os cânticos entoados durante o ritual da Umbanda além de reatualizar esse mito, reforçam a crença de proteção atribuída ao Orixá nas batalhas do dia a dia.

    Tavares (1984) aponta que os negros foram, na verdade, mandados para a morte nos campos de batalha. O que os governantes não contavam era com o sucesso das tropas na campanha e o retorno dos capoeiras como heróis de guerra. Soares (1994), Cunha, (2000) e Santucci (2008) asseveram que ao voltarem da guerra que teve seu final em 1870, os capoeiras retomam suas atividades, porém com a salvaguarda da nação, afinal agora eram militares e muitos, condecorados por bravuras em solo inimigo. As ruas voltam a se deparar com as turbas de capoeiras e seus delitos, as autoridades se viam em dificuldades para coibir tais fatos devido à situação militar que os "malfeitores" se encontravam, desfilando garbosa e impunemente com suas fardas após brigas e crimes praticados. Os ditos desqualificados capoeiras agora eram soldados, cidadãos da pá-

---

[57] Cânticos entoados no intuito de realizar o contato entre o *Orun* e o *Aiê*, servindo como reza cantada imprescindível nos rituais religiosos afro-brasileiros, os cânticos também são dançados e constituem algumas passagens da mitologia africana, servem principalmente para o chamado dos Orixás e outros encantados para a incorporação nos adeptos que são chamados de médiuns ou cavalos (BASTIDE, 2001).

tria. Com isso, nos primeiros meses pós guerra as maltas ressurgiam como principal preocupação no Rio de Janeiro, tanto que as autoridades policiais reclamavam a responsabilidade dos comandos militares na atuação contra os capoeiras, sobretudo por se tratarem, em sua grande maioria, de praças e ex-praças das Forças Armadas.

Nesse contexto, as maltas voltam a ser fortemente aliciadas por políticos, que encontravam na notoriedade e poder dos capoeiras alicerce para possíveis conflitos durante as campanhas eleitorais. Soares (1994) e Tonini (2008) apontam os capoeiras presentes como capangas no cenário carioca, aliados a grupos de interesse a fim de obter vantagens ou subsistência própria, afinal tanto o partido liberal quanto sua oposição lançaram mão das maltas, ora para inflamar seus comícios, ora para acabarem com o evento adversário. Os capoeiras surgem como mão-de-obra manipulável, que em troca de favorecimentos se punham à luta com finalidade eleitoreira.

> *É a visão dos capoeiras como um "exército das ruas", colocado à disposição dos conflitos políticos de ocasião, mobilizados por quaisquer grupos político-ideológicos, instrumentos dóceis de liberais e conservadores, manipulados para fins estritamente eleitoreiros em troca de benesses imediatas.* (SOARES, 1994)

O autor ainda analisa como intencional e opcional a participação das maltas de capoeiras nos eventos políticos: diferente do que pensavam as elites literárias, os capoeiras possuíam uma visão política particular que objetivava a associação partidária a fim de alcançar benefícios próprios e coletivos para suas maltas. Este olhar se opõe às narrativas da velha República e aos historiadores contemporâneos que creditam essa ligação à evolução política natural, desprezando a aproximação intencional consolidada na aliança entre o Partido Conservador e os capoeiras (especialmente os *Nagoas*), que durou entre 1870 e 1890, culminando na criação do Partido Capoeira[58] e posteriormente na intimidante Guarda Negra[59] formada por José do Patrocínio para atender lealmente às causas da monarquia. O Partido Conservador preconizava em sua plataforma política a abolição da escravatura tão almejada pelos negros, angariando a simpatia dos capoeiras que se mostravam como uma força temível para a sociedade, porém bastante útil do ponto de vista político partidário, sobretudo nas ruas do Rio de Janeiro.

Os capoeiras aparecem como esteio eleitoral do Partido Conservador, que confiam na negociação política para o fim da escravidão, fortalecendo uma fusão entre eles. Essa forte ligação ajusta capoeiras e políticos em um pacto, visando segurança e apoio ao partido, em troca de livre fluência e facilitação policial com as maltas e seus componentes. Essa união vai instituir o chamado Partido Capoeira, que apesar do desejo de auferir benesses, mantém a consolidada parceria com os conservadores, mesmo com o domínio governamental do Partido Liberal, composto principalmente dos produtores de café e grandes fazendeiros com negócios no Vale do Paraíba. Soares também confia ao Partido Capoeira a inauguração de uma nova forma de política, fincada nas ações coercitivas nas ruas do Rio de Janeiro, não só aos adversários, mas a toda a sociedade carioca que cada vez mais ficava intimidada com as sucessivas demonstrações de força dos capoeiras. Ressalva, contudo, a autonomia e controle das ações por parte dos capoeiras, que mesmo historica-

---

[58] Chama-se de Partido Capoeira a fusão entre os capoeiras principalmente a malta *Flor da gente* (principal malta componente dos *Nagoas*) e o Partido Conservador (SOARES, 1994).

[59] Nesse contexto, a foi formada por José do Patrocínio em , como um movimento paramilitar, composto por negros, que tinha passagem pelo Exército e com habilidade em capoeira. O objetivo dele era demonstrar gratidão à família... A Guarda Negra foi formada por José do Patrocínio em 28 de setembro de 1888, como um movimento paramilitar, composto por negros, que além de servirem o Exército possuíam habilidade em capoeira. O intuito era demonstrar gratidão à família real pela abolição, além de reprimir os republicanos tumultuando seus comícios. A Guarda Negra entrava em conflito com os Republicanos levando terror as ruas do Rio de Janeiro marcando alcunha de bandidos e marginais (SOARES, 1994).

mente ligados aos conservadores, dialogavam com qualquer partido ou grandes agremiações do seu interesse. Não havia elo de dependência entre a malta e seu padrinho político, mas sim uma fiança simbólica, pautada, principalmente em interesses comuns. Vale lembrar que o Partido Capoeira passa a unir o frio aço da navalha e a eloquente pena parlamentar, uma composição ameaçadora para os adversários e "toda" população carioca.

Essa forte ligação impulsiona um processo de aculturação entre os políticos e os capoeiras, os primeiros passam a aprender passos da capoeiragem, enquanto os segundos, conforme Pederneiras (1946) se apropriam da retórica parlamentar, vindo a florear ainda mais seu manejado discurso, passaporte importante para a subsistência nas gretas da sociedade. Passos Neto (2001) acrescenta que os capoeiras, em sua maioria analfabetos, eram versados nos aparatos discursivos do aparelho judiciário, algo que anos mais tarde se cristalizaria no imaginário do malandro carioca. Mas não foi apenas na política que os capoeiras encontraram abrigo: a polícia passa a aliciar e dar proteção aos integrantes das maltas. Se em uma área atuava determinada malta, a polícia local acobertava as ações e protegia seus integrantes tanto da polícia como também das maltas rivais. O principal indício dessa relação foi a atuação, na década de 1880, do corpo de secretas, uma espécie de milícia clandestina a serviço dos altos escalões da polícia. Esse corpo paralelo era formado em sua maioria de capoeiras recrutados no sistema prisional, recebendo a liberdade em troca de algumas "tarefas" que não podiam ser realizadas formalmente pela polícia.

As relações entre as instituições formais e as maltas de capoeiras culmina em 1888 com a criação da Guarda Negra. O contexto era balizado pela abolição da escravidão no Brasil em 13 de maio do corrente ano, idealizando a criação de uma milícia protetora e defensora dos ideais monárquicos, simbolizados através da princesa

Isabel e fincada no imaginário nacional como redentora[60] dos negros. Atribui-se a José do Patrocínio um dos grandes abolicionistas do Brasil, a organização e liderança dessa guarda cuja lealdade à coroa vai nortear suas ações, principalmente contra republicanos e simpatizantes. Foram princípios estabelecidos pelos fundadores da Guarda Negra: 1) que se combata materialmente a quaisquer revoluções opositoras ao regime monárquico; 2) que seus componentes sejam compostos pelos livres, associados e comprometidos a uma diretoria eleita pela maioria absoluta de coligados; 3) só poderão pertencer ao quadro de sócios efetivos aqueles que reconhecerem na abolição da escravidão um ato digno da admiração de todos e não causa de insurreição contra a generosa Princesa Isabel; 4) que se peça apoio à Confederação Abolicionista para a ramificação da guarda por todo o Império; 5) que se reclame ajuda da imprensa para a proliferação da ideia; 6) que seja sugerido aos libertos para não oferecerem sua mão-de-obra às fazendas que não se comprometerem em não declarar guerra ao terceiro reinado (SOARES, 1994).

Com essas prerrogativas tem início uma instituição a favor da monarquia, com objetivos definidos, aporte de outras instituições além de possibilidades de negociação com quaisquer grupos sociais. Seria a união dos valentes capoeiras com políticos e literatos abolicionistas, em prol dos interesses monárquicos. Esperava-se que a guarda negra fosse uma milícia clandestina que aterrorizasse os adversários da rainha, de fato foi o que aconteceu, ela se fez presente em conflitos deflagrados nos diversos comícios republicanos,

---

[60] A historiadora Emilia Viotti da Costa (1982) atribui ao clamor popular e ao interesse em investimentos comerciais no Brasil, entre outros fatos, a abolição da escravidão no País e não a uma ação generosa por parte da princesa Isabel. A autora acrescenta que mesmo com a situação legalmente igualitária, após trezentos anos de cativeiro, não seria fácil mudar uma mentalidade acostumada a realidade escravocrata e com isso a enorme população liberta passa a ocupar os interstícios da sociedade brasileira. Refletindo até os dias de hoje no sistema social desigual, moldado ao som das chibatas, grilhões e gemidos.

aumentando a rivalidade entre ambos. Porém, em 1889 os liberais retomam o poder e em 15 de novembro se instaura a República no Brasil. Os destemidos capoeiras da Guarda Negra passam a ser o principal alvo do novo chefe de polícia da época, Sampaio Ferraz[61], conhecido como "o cavanhaque de aço" homem de confiança de Marechal Deodoro da Fonseca, incumbido, acima de tudo, de livrar o Rio de Janeiro de vez da turba hedionda dos capoeiras, que há muito tempo assombrava a cidade.

2.6 Sampaio Ferraz: o cavanhaque de aço

Ao ser convocado para reprimir os capoeiras, Sampaio Ferraz se coloca ao inteiro dispor desta empreitada tão importante para o sucesso da República embrionária no Brasil. "*Aqui estou Marechal, a seu serviço e ao da República, para arrancar da nossa terra a maior vergonha: o capoeira!*" (FERRAZ, 1952). Essa frase expressa a atuação do Cavanhaque de Aço na chefia de polícia do Rio de Janeiro, que apesar de curta (1889-1890) foi determinante para o futuro dos capoeiras. Para lograr êxito em sua missão ele pede autonomia ao Marechal Deodoro da Fonseca para quaisquer tipos de ação contra os capoeiras: "*Do Marechal quero duas coisas: a aprovação total dos meus planos, que sejam mantidos com toda firmeza, sem discrepância, e absoluta carta branca*" *(ibidem)*. Eis que seguido de elogios e admiração, de pronto o Marechal concede absoluta liberdade e poder para a atuação do novo chefe de polícia, que concentraria suas forças nessa árdua empreitada.

Uma de suas primeiras medidas foi formar um esquadrão de policiais destemidos e competentes a fim de executarem a missão. Como as maiorias dos policiais temiam os capoeiras, foi preciso recrutar nas fileiras do exército e da armada, assim como a incorporar civis nos quadros policiais. Dias (2001) supõe que Sampaio recorre-

---

[61] Sampaio Ferraz era filho de fazendeiros de café, republicano participante, tendo exercido o papel de promotor público e atuado em diversos processos contra os capoeiras (SOARES, 1994).

ria à força de um tipo bastante conhecido na época, o capoeira, que seria, segundo o autor, o uso do próprio "veneno[62]" para o combate aos inimigos da república. Sampaio seria também um capoeira amador, inclusive tendo entrado em disputa com o secretário geral do governador do Estado do Rio de Janeiro, Luís Murat, que discordando dos métodos truculentos de Ferraz, tirando suas diferenças na base das gingas e negaças, sendo Murat vencedor da contenda.

Vale lembrar que Sampaio Ferraz já enfrentara os capoeiras anteriormente em comícios republicanos interrompidos pela Guarda Negra e em diversos processos de acusação contra eles, enquanto promotor público. Este fato contribui para nutrir sua repulsa a esses criminosos. A lembrança dos crimes cometidos somada a devoção à causa republicana, desempenha um papel propulsor às duras ações impostas aos capoeiras no começo da República. Com o parlamento fechado pelo Presidente Marechal Deodoro e a impossibilidade de intervenção política, Sampaio Ferraz prende e condena ao desterro em Fernando de Noronha um enorme número de capoeiras, desmantelando as maltas, o Partido Capoeira e pondo fim à temida Guarda Negra da Rainha. Para termos uma ideia da força de atuação de Sampaio Ferraz, destacaremos a prisão do capoeira conhecido como Juca Reis, filho do Conde de Matosinhos, dono do principal jornal da época, *O Paiz*. A reclusão de Juca Reis causa a primeira crise na República, afinal seu pai foi o padrinho político de Quintino Bocaiúva, então ministro das relações exteriores do Brasil, que impulsiona sua carreira política através das páginas do jornal *O Paiz*. Em nome dessa amizade, ele intercede junto ao Marechal Deodoro para a soltura de Juca Reis. Sampaio, porém, contraria as ordens do Presidente. Indignado, Quintino Bocaiúva se coloca demissionário do ministério, tendo seu pedido negado por Deodoro da Fonseca e sua importância ressaltada por Rui Barbosa, que apela

---

[62] Segundo Moura 2009 o próprio Sampaio Ferraz era um capoeira amador, tendo entrado em duelo com o jornalista Luis Murat no café inglês que com uma rasteira colocaria o algoz da capoeiragem ao chão.

acima de tudo para os argumentos de amor à pátria para a manutenção de Quintino no cargo.

De acordo com Bretas (1989), nessa pugna entre Quintino Bocaiúva e Sampaio Ferraz, mediada pelo Presidente Deodoro da Fonseca e seu Ministro Rui Barbosa, é mantida a posição do chefe de Polícia da capital federal e Juca Reis é deportado para Fernando de Noronha, sendo extraditado mais tarde para Portugal. Para Sampaio, Juca Reis representava a elite que tanto apoiara os capoeiras, atribuindo às maltas impunidade, *status* e poder durante o regime monárquico. A prisão de Juca Reis chama a atenção para a participação de imigrantes nas maltas. Muitos fadistas, considerados marginais em Portugal no século XIX, contribuíram para a formação do capoeira carioca: elementos acostumados à vida citadina são trazidos das grandes metrópoles como Porto e Lisboa, para cumprir pena no Rio de Janeiro. Aqui chegando, ingressaram em algumas maltas trocando experiências culturais com os capoeiras cariocas.

Existia na época o preconceito dos comerciantes portugueses com os conterrâneos fadistas, conhecidos por viver à margem da lei em Portugal. Essa discriminação coloca os fadistas em situação desfavorável, bastante semelhante à dos escravos e forros brasileiros, principais componentes das maltas de capoeiras. Para o autor o contato entre os capoeiras e os fadistas seria inevitável, pois além de conviver no espaço urbano carioca, passaram também a habitar os cortiços da cidade, antro de capoeiras, prostitutas e gatunos. Esse processo de aculturação deixaria, ainda, registros na principal arma do capoeira, a navalha de Santo Cristo, utensílio inseparável do fadista lisboeta. Outra contribuição pode estar na bengala utilizada pelos capoeiras no Rio de Janeiro e que, anos mais tarde, comporia a indumentária do malandro. Esta talvez herdada da tradicional Luta-do-Pau portuguesa como bem observou Moraes Filho.

Voltando a Sampaio Ferraz, sua tática era enfraquecer as maltas, prendendo seus líderes quando estivessem sozinhos e menos protegidos, agindo de forma abusiva e arbitrária na execução das diversas prisões por capoeira, sem provas concretas de tal delito. Em muitos casos, as prisões eram realizadas pela fama de ser capoeira atribuída a alguns detidos e não por evidências palpáveis. O despotismo de Ferraz se fundamenta, sobretudo na retaliação aos desafetos capoeiras, rivais de longas datas e principal mal a ser combatido no início da República, motivando o abandono da formalidade para investir no uso arbitrário, porém eficaz, da força repressiva. De acordo com os textos de Bretas, no primeiro ano de República Sampaio envia ao desterro na ilha de Fernando de Noronha grande parte dos componentes das maltas, principalmente seus líderes, vindo a reduzir significativamente o número de capoeiras no Rio de Janeiro. A prisão em massa dos capoeiras ressignifica o panorama vigente na Monarquia, alavancando a instauração da República e dando créditos à governabilidade de Deodoro da Fonseca. Com isso, além de restabelecer a ordem na capital, Sampaio cumpre sua promessa de acabar com as maltas de capoeiras na cidade.

Com o "dever" cumprido, após um ano, Sampaio Ferraz deixa o cargo de chefe de polícia da capital. A partir de então a capoeira passaria a fazer parte do código penal da República. Criminalizada, a prática da capoeira estava oficialmente proibida em todo território nacional, era enfim um xeque à arte dos navalhistas que assombrou as elites do Rio de Janeiro durante o período da Monarquia no Brasil. Nos anos que seguem, durante a transição do século XIX para o século XX, continua a perseguição aos capoeiras, agora afiançada por força de lei. Contudo, o que se comprova mediante as estatísticas criminais é que a maioria dos perseguidos eram presos em atitudes isoladas, indicando um desmantelamento das maltas e esvaziamento dos capoeiras como protagonistas das páginas policiais da capital da República.

2.7 Capoeiras e revoltas: o Rio de Janeiro de Pereira Passos

Nos primeiros anos da República tem início uma série de reformas que marcarão profundamente o Rio de Janeiro. O crescimento desordenado incomodava as elites, o saneamento e o reordenamento urbano estavam em pauta nas ações governamentais da debutante República. Segundo Benchimol (1992), a cidade vivia numa tensão entre a antiga cidade colônia, suja e insalubre, e a almejada reforma estético-urbana que visava a regeneração e o progresso na capital. Com a maioria dos capoeiras degredados, Carvalho (1987) lembra que as preocupações deste início de República eram os aspectos sanitários e urbanísticos da capital. Nessa perspectiva, as medidas afetam diretamente a população pobre, composta principalmente por negros habitantes dos cortiços e casebres da cidade.

Assim, ao apagar as luzes do século XIX, em 1893, acontece a demolição do maior e principal cortiço carioca, o "Cabeça de Porco", colocando na rua diversos moradores. Os cortiços eram habitações coletivas compostas de inúmeros pequenos quartos de madeira e construções inacabadas, instaladas nos fundos dos prédios ou em seus interstícios. Perto da estação de trem da Central do Brasil e do Campo de Santana situava-se um enorme cortiço com uma cabeça de porco esculpida na entrada, motivando o apelido e tornando-se sinônimo de todos os outros que acabaram espalhados pela cidade.

Conforme Lopes (2008) e Santucci (2008) os desabrigados do cabeça-de-porco passaram a ocupar as encostas do morro da Providência e construir habitações de madeira, papelão, folhas de zinco e alvenaria rudimentar, cada vez mais amontoadas umas nas outras, bastante parecidas com o recém-demolido cortiço. A ocupação do morro da Providência aumentará no ano de 1897, com o retorno dos soldados que combateram na guerra de Canudos[63]. Ao voltar da refrega, em sua maioria acompanhados de mulheres trazidas do sertão baiano, os ex-combatentes estabelecem uma relação entre as construções desordenadas do morro carioca e os casebres existentes próximos a Canudos, chamados de favela, nome dado pela vegetação existente no local. Essa semelhança, além de batizar o atual morro da providência, passa a nomear todas as construções desordenadas nos morros e encostas.

O Rio de Janeiro precisava mudar, essa era uma certeza para os governantes da instaurada República, que necessitavam atender o clamor das classes contribuintes, almejantes de progresso e saneamento para a capital. Para essa missão, em 1902 é designado prefeito, Pereira Passos, diplomata, filho de grandes fazendeiros, tendo estudado arquitetura na França. Em sua estada neste país, Passos teve contato com o remodelamento parisiense, realizado por Eugène Haussmann[64], que a colocou no patamar das cidades mais modernas do mundo. O novo prefeito proíbe os entrudos[65], inicia a perseguição aos Candomblés[66] e demais cultos de matrizes africanas, tentando silenciar uma cultura indesejada pelas elites da época. A ideia era *europeizar* a capital federal e assim tentar superar esteticamente a então invejada Buenos Aires, capital da vizinha Argentina. Para tanto, era preciso uma mudança radical nos costumes da cidade, além de um ordenamento urbanístico e sanitário. Essa reformulação vai ao

---

[63] Combate armado contra o arraial de Canudos liderado por Antônio Conselheiro no sertão da Bahia. A justificativa para o confronto era a soberania da República que poderia estar ameaçada com os ideais monárquicos e religiosos de Conselheiro (BENCHIMOL, 1992).

[64] Nomeado prefeito de Paris por Napoleão III, recebeu o título de Barão e foi principal responsável pela remodelação da capital francesa (BENCHIMOL, 1992; AQUINO, 1995).

[65] Manifestação cultural oriunda de Portugal praticada durante o carnaval lusitano, com a presença de grandes bonecos também chamados de entrudo. Tradição herdada pelos portugueses o entrudo foi a primeira brincadeira de carnaval no Rio de Janeiro (FERREIRA, 2004).

[66] Religião desenvolvida no Brasil por sacerdotes africanos que, escravizados, organizam sua religiosidade ao culto dos Orixás (VERGER, 2007).

encontro das perspectivas das elites, financeiras, intelectuais, do clube de engenharia[67] e principalmente dos médicos, que ancoram cientificamente as obras de Pereira Passos com base no higienismo,[68] que ganhava força na Europa. Para esse aporte, o prefeito da capital federal conta com nomes que se notabilizariam anos mais tarde, como o médico sanitarista Oswaldo Cruz e o engenheiro Paulo de Frontim. Uma das primeiras medidas tomadas foi o controle sobre as vendas de carnes e miúdos na cidade. Somente o matadouro municipal de Santa Cruz tinha a autorização para abater as reses que seriam servidas à população do Rio de Janeiro. Ao concentrar o abate à zona oeste da cidade, evitava-se a poluição do ar e da água utilizada pelos habitantes. Passos, então, inicia sua caminhada balizada nos mencionados ideais higienistas de Oswaldo Cruz.

Não foi apenas o abate do gado que ficara restrito, a comercialização das carnes também estava limitada a uma empresa distribuidora. Essa centralização desagradava aos comerciantes de açougues e donos de demais abatedouros que se viam excluídos do mercado, sem falar que a partir da escassez na distribuição e o consequente aumento do preço, quem mais sofria era o consumidor que assistia a falta de carne à mesa. A situação piora com a repressão e confisco das carnes vendidas ilegalmente, e no início do mandato de Passos explode no Rio de Janeiro a revolta da carne verde. Santucci (2008) descreve que no dia vinte e sete de fevereiro do corrente ano um grupo de pessoas armadas de pedras e paus, assalta alguns açougues na rua Santo Cristo em represália a apreensão e inutilização das carnes pela prefeitura da cidade. Os estabelecimentos que ven-

---

[67] Instituição fundada em 1880 que aglutinava engenheiros, industriais e comerciantes, tendo em seu quadro nomes como: Paulo de Frontim e Carlos Sampaio. O clube atuava junto aos poderes públicos da época, com destaque na reforma urbana promovida por Pereira Passos (ROCHA, 1995).
[68] As teorias higienistas tiveram bastante influência nas reformas urbanas em todo o mundo, com base em pesquisas de médicos como Koch e Pasteur descobre-se que o principal motivo da proliferação de algumas doenças são as condições insalubres de algumas cidades. A partir dessa perspectiva o Barão de Haussmann remodelou Paris (VIGARELLO, 1993).

diam carnes inspecionadas e autorizadas pela fiscalização municipal eram o principal alvo da turba saqueadora.

Eis que dentre os saqueadores estavam gatunos, desordeiros e alguns famigerados capoeiras como principais diretores desse conflito. Um bando liderado pelo conhecido capoeira do bairro da Saúde, Carlito, atacou um carregamento de carnes na chegada delas aos açougues da região e distribuiu-as ao povo, recebendo a alcunha de *Robin Hood* das carnes verdes, aumentando sua fama entre os moradores de seu bairro. Contornada a crise, os olhos governantes voltam à mudança, como a demolição dos demais cortiços e construções irregulares, que marcará até os dias de hoje o mandato de Pereira Passos como prefeito do Rio de Janeiro. Essa medida visava além da estética o saneamento e limpeza da cidade: é o "bota abaixo", reforma que a partir de 1904 oportuniza novo desenho arquitetônico, alargando a cidade e fazendo a ligação entre o centro, a zona sul e zona norte e pondo em prática os anseios das elites cariocas, caminhando em acordo com as perspectivas higienistas.

O "bota abaixo" aponta para uma limpeza étnica que expulsa a população negra e pobre para os arredores da cidade, obrigando os desabrigados a se instalarem nos morros próximos ao centro ou se deslocarem para os subúrbios do Rio de Janeiro como Irajá, Madureira, Bonsucesso e outros bairros da zona norte. Para Chalhoub (2001) essa desapropriação vem beneficiar as elites da época que desviam investimentos da decadente indústria cafeeira para o setor de transportes e especulação imobiliária que valorizava por demais o espaço urbano. É um reordenamento dos espaços que irá contribuir para deslocar o imaginário de cidade suja e insegura do final do Império para um Rio de Janeiro do futuro, com ruas amplas, reformadas e protegidas, um novo desenho geométrico da cidade.

Foucault (1979) apregoa que ao esquadrinhar-se os espaços, atua-se tanto na estrutura física quanto na simbólica, facilitando o controle e a governabilidade - principalmente pelo enquadramento dos grupos em questão ao modelo excludente, como no caso dos desabrigados dos cortiços que passam a ocupar lugares alternativos, isolando-os da burguesia, que deveria de fato "civilizar" o Rio de Janeiro. Porém Santucci (2008) diz que quanto mais os governantes exerciam a repressão contra os cortiços, mais o morro de favela crescia e incentivava outras ocupações do centro do Rio de Janeiro. Conforme a autora, esses morros eram chefiados pelos capoeiras que resistiram a dissolução das principais maltas cariocas. O capoeira então passa a morar nos cortiços e morros da cidade como retrata o jornal gazeta de notícias em 21 de maio de 1903.

Pode-se dizer que tais ações, ao empurrar os negros, mulatos, mendigos, prostitutas e capoeiras para os morros, estão nas raízes da dicotomia[69] entre o morro e o asfalto, tão evidenciada nos dias de hoje. Essa exclusão possibilita a criação de leis próprias nestas comunidades, diferentes das leis institucionais regidas pelo estado e presentes apenas para o cidadão do asfalto. Nilda Teves (1993) aponta essa desigualdade como a responsável por muitos dos conflitos urbanos presentes na sociedade, pelo que não se pode exigir cidadania a quem não é contemplado pelas ações do Estado, vivendo abaixo da linha da miséria. Mesmo limitados em seus espaços, os capoeiras mantinham sua forma própria de resistir, vindo a atuar na revolta da vacina.

O médico sanitarista Oswaldo Cruz declara guerra contra as principais epidemias da época, como febre amarela, peste bubônica e varíola. Para isso, monta uma verdadeira brigada epidemiológica que além de visitar as casas para acabar com o mosquito *aedes aegypti*, presente até os dias de hoje, desinfetava bueiros, ralos e residências populares, apartando os doentes para desinfetórios munici-

---

[69] A oposição da cidade e dos morros que se inicia na reforma Pereira Passos é evidenciada nos anos de 1950 com a presença da bossa nova e a valorização desse estilo musical. Olhares românticos e nostálgicos costumam retratar o Rio de Janeiro desta época como uma construção ideal. Porém, os "anos dourados" da Bossa Nova, de Copacabana e Ipanema são símbolos cosmopolitas de um mundo feliz. Que em um olhar à distância, parecem silenciar os seus contrários, os morros e favelas com realidade bem menos glamorosa que a zona sul carioca (VENTURA, 1994).

pais, além de realizar controle junto às moradias, colhendo com isso, altos índices de rejeição entre as camadas mais pobres da população. Chegou a se pagar por rato capturado, abrindo uma temporada de caça aos roedores, dando surgimento, segundo Edmundo (1957), a um tipo característico da cidade no início do século XX, o ratoeiro, que passa a ganhar seu sustento a partir da captura e comércio dos roedores responsáveis pela peste bubônica além de outros males. Ora, mas para que capturar incessantemente os ratos, se existe a possibilidade de criá-los em cativeiro? Assim esses ratoeiros estabelecem um artifício criativo para auferir a grana oferecida pelo governo, sem o árduo esforço da captura dos roedores pela cidade.

Entretanto, a história da vacinação no Brasil é marcada por inúmeras insatisfações, desde 1837 em campanhas contra a varíola e mais tarde a febre amarela. Embora obrigada, a adesão à vacinação era insatisfatória, com os populares encontrando diferentes artifícios para a fuga da vacina, fazendo com que, mesmo gratuita e facilmente encontrada, sobrassem nos postos de saúde espalhados pela cidade. Muitos pais também escondiam os filhos da vacinação, apesar da campanha informativa encampada por Cruz. Com a obrigatoriedade de vacinação, aumenta a repulsa ao médico sanitarista junto à população da cidade. Essa medida seria explorada junto aos jornais da época, com charges e comentários contrários às atitudes de Oswaldo Cruz. E em consequência das constantes inspeções sanitárias, do envio dos doentes a sanatórios municipais e da vacinação compulsória, deflagra no Rio de Janeiro a revolta da vacina.

Santucci (2008) tece críticas a essa campanha devido à maioria da população do Rio de Janeiro no início do século XX ser composta de analfabetos, isso pode explicar a evasão popular às medidas sanitárias impostas por Oswaldo Cruz. A pesquisadora nos conta que junto a essas medidas vinha a crença popular que a vacina era composta de "caldo de rato", podemos pensar que seja devido à campanha de vacinação e a apreensão dos roedores terem sido concomitantes. Chalhoub (1996), ao analisar relatos de moradores da época, levanta dados que apontam um viés religioso, contribuindo para a aversão a vacinação, devido a crença no Orixá africano *Omolu* ou *Xapanã*, deus *Yorubá* responsável pelas pestes e doenças, podendo mandar ou retirar toda sorte de moléstias. Uma vez enviada, a doença deveria cumprir seu ciclo natural, para não desagradar ao Orixá e serem castigados com um mal ainda pior.

No mesmo caminho, o médico Nina Rodrigues (2004) observa que "*em épocas epidêmicas, a cidade apresenta-se coberta de sacrifícios – milho torrado com azeite-de-dendê e pilado ou não, que são lançados em todos os pontos em que as ruas se cruzam*". O autor acrescenta que esses aspectos religiosos alimentaram a "*repugnância e relutância dos negros a se fazerem vacinar*". Acreditamos que o somatório de crenças populares tenha influenciado bastante para afastar o povo dos locais de vacinação, no entanto Santucci aponta que o principal motivo a essa resistência era a obrigatoriedade da vacina que além de violentar a população no seu caro direito de escolha, converge para as medidas arbitrárias tomadas pelos governantes nesse começo de República. Essas medidas serviriam de aporte para os opositores do então presidente Rodrigues Alves, liderados pelo senador Lauro Sodré, fazerem da arbitrariedade governamental estandarte para visibilidade política. Assim nasce no seio das classes operárias, a liga contra a vacinação, que tinha como principal argumento o repúdio da lei da obrigatoriedade de inoculação. O objetivo era o de desmoralizar a campanha, para isso a oposição contou com apoio de parte da imprensa que ajudava com informes parciais e charges ilustrativas desses fatos. Como também dos militares, que encontravam uma boa oportunidade para a retomada do governo das mãos civis de Rodrigues Alves.

A eloquência nos discursos de Lauro Sodré incitava a população a se defender da vacina a qualquer custo, até mesmo com armas de fogo se necessário. Veículos de imprensa como o jornal: *A notícia* (1904) e a revista *O malho* do mesmo ano, entre outros, ajudavam a fomentar um sentimento de resistência que resultou em diferentes manifestações pela cidade. Numa delas um grupo de estudantes organiza uma passeata em direção à Praça Tiradentes e se depara com uma tropa da cavalaria, começam os insultos e discursos ofensivos contra os defensores da lei. Pedras, paus, garrafas e outros artefatos foram arremessados na direção da tropa que tentavam em vão dispersar os manifestantes. Diferentes manifestações aconteceram pela capital, sendo comum o embate dos manifestantes com a polícia que respondia à altura o ataque com pedras, tijolos e até armas de fogo dos populares. Esses acontecimentos levaram os comerciantes da época a fecharem seus estabelecimentos, aumentando o clima de instabilidade instaurado na Capital da República. Dentre os manifestantes que partiam para o enfrentamento, logo se destacaram os moleques dos cortiços, os desocupados e os capangas políticos, que em sua maioria eram capoeiras das antigas maltas.

Barricadas, tiros, pedras e muita violência como o incêndio de bondes e corte de fios elétricos marcaram o Rio de Janeiro no ano de 1904. A cidade vivia um verdadeiro pandemônio distribuído por diversos bairros da Capital Federal e até o palácio do governo se encontrava ameaçado pela horda incontrolável de manifestantes. Para a proteção de pontos estratégicos da capital foi recrutado o corpo bélico do Estado, dando condições para uma tentativa sem sucesso de golpe militar. Dentre os principais agentes desse conflito estavam dois capoeiras, Manduca e Prata Preta, também conhecido como Capa Preta ou Camisa Preta, como apontam Salvadori (1990) e Noronha (2003). Estes capoeiras, além de chefiarem alguns focos de resistência no centro da cidade, colocaram em prática sua vasta experiência em contendas, comprovadas em extensa ficha criminal. Suas participações na Revolta da Vacina ficam marcadas por liderarem o maior foco de oposição às forças governistas: a barricada de Porto Arthur[70].

---

[70] Nome dado ao foco de resistência montado no Largo da Harmonia com madeira, entulho e todo o tipo de material que pudesse servir de obstáculo as forças da lei, o nome é uma alusão a fortaleza de Porto Arthur na guerra russo-japonesa (SANTUCCI, 2008).

Segundo Barbosa (1993), Prata Preta comandou os valentões da Saúde a organizar uma resistência imponente a fim de intimidar as tropas do governo. Alimentava-se um imaginário de invencibilidade a essa barreira, com canhões e guardas fortemente armados. Para isso foram tomadas providências drásticas como o posicionamento da artilharia naval apontada para o bairro da Saúde e tropas militares prontas para incursão ao principal foco da revolta da vacina. Então no dia 17 de novembro de 1904 acontece a tomada de Porto Arthur e para a surpresa das tropas conquistadoras, após muita luta, não havia canhão nem combatentes, mas sim um poste em cima de uma carroça virada, junto a madeiras, mais postes e papelões entulhados, dando a ideia de uma enorme barricada. Uma fortaleza aparentemente intransponível era na verdade um blefe, servindo ao propósito de ganhar notoriedade junto às autoridades da época.

Ao fim do mesmo dia prenderam Prata Preta, que resistiu ferozmente à prisão com tiros e luta física pautada em rasteiras, cabeçadas, rabos de arraia e navalhadas. Alguns jornais da época[71] retrataram a prisão, junto às bravuras deste capoeira na campanha, aumentando sua fama e transformando-o no principal símbolo de resistência popular da revolta da vacina. Em tese, encontramos nestes capoeiras atuação destacada nos principais conflitos do início do século XX, resquícios das extintas maltas e retratos individuais dos outrora "donos das ruas" do Rio de Janeiro, talvez em suas últimas aventuras de enfrentamento à ordem instituída ou uma pequena mostra dos áureos tempos de *Guaiamus* e *Nagoas*.

---

[71] Jornal: *A notícia, Jornal do Comércio* e Jornal: *O malho* novembro de 1904.

2.8. Povo da Lira: Bambas, Malandros e Capoeiras do Rio Antigo.

> *Ô abre alas que eu quero passar,*
> *Eu sou da Lira não posso negar (...)*

Nos anos que seguem a capoeira se encontra ausente das páginas policiais e também dos noticiários, os temidos capoeiras de outrora sumiram das ruas, o brilho da navalha não ofusca mais a sociedade e a cidade passa a respirar ares festivos de outros personagens que ilustram o cenário: o "Povo da Lira", os bambas e a malandragem. No início do século XX, Pederneiras (1922) confere o nome de "Povo da Lira" ou "Turma da Lira" aos capoeiras, capadócios, serenistas e boêmios que desfilam sua irreverência nas ruas do Rio de Janeiro. Pederneiras consagra essa turma, enaltecendo seus atributos e qualidades. Edmundo (1957) corrobora este olhar, e atribui a esses capoeiras uma faceta ambígua capaz de colocá-los na esfera do belo e do perigoso, do repulsivo e adorável, capaz de seduzir belas mulheres, curtir a noite jogando dados, envolver-se em confusões e ao fim embriagar-se ao sabor de bebidas baratas.

Ao tecer uma crítica ao futebol, esporte bretão que começava a ganhar popularidade, Monteiro Lobato (1921) exalta a capoeiragem, lembrando que em um passado recente ela imperava absoluta entre as atividades corporais brasileiras, ao mesmo tempo em que lamenta o declínio da capoeiragem e a escassez[72] de registros desses áureos tempos. Na crônica de sua autoria intitulada "22 da Marajó", Lobato descreve o caráter ambíguo do personagem principal, o 22 da Marajó, um famoso ex-capoeira desordeiro, agora esposado com uma rica moça, que após viver anos no exterior, fica viúvo retor-

---

[72] Rui Barbosa, o Águia de Haia, queimou grande parte do acervo documental sob o pretexto de apagar a mácula que foi a escravidão africana no Brasil. Vale Lembrar que Rui Barbosa foi acusado de "sumir" com os registros a fim de "preservar" o Estado de qualquer tipo de culpa e ações indenizatórias (TAVARES, 1984).

nando ao Brasil. Ao residir no Rio de Janeiro, sua elegância fidalga passa a provocar ciúmes nos jovens da localidade, que chegam ao ponto de contratar um capoeira para dar-lhe uma lição.

O capoeira escolhido para a missão coloca-se à espreita para realizar o ataque. Assim que 22 da Marajó cruza a esquina, recebe de inesperado uma cabeçada. Para surpresa e espanto do grupo de rapazes, que de longe conferiam o "trabalho", ele se esquiva desferindo repetidas rasteiras que acabam com a disputa. Ironicamente desapontado com a falta de perícia de seu agressor, Marajó lamenta o decair de uma arte "outrora eficiente" e exclama: *"soltas sem negaças, forte besta"*. Não satisfeitos, os rapazes conseguem um capoeira ainda mais perigoso para enfrentar o fidalgo, o famigerado Dente de Ouro. Na hora do embate, quando avista Marajó, reconhece-o e interroga: *"O 22, você por aqui?"*, ao que este responde:

> *Cala o bico, moleque, e toma lá para o cigarro; mas afasta-se, que hoje sou gente e não ando em más companhias, respondeu o Petrônio, correndo-lhe uma pelega de dez e seguindo o seu caminho, imperturbavelmente. Dente de Ouro voltou para o grupo dos elegantes, alisando a nota. -- Então? Perguntaram estes, desnorteados com o imprevisto desfecho. -- 'cês tão bestas! Pois aquele é o 22 da Marajó, corpo fechado p'ra "sardinha" e pé que nunca "lalou saque". Estrompar o 22, 'cês tão bestas. (MONTEIRO LOBATO, 1921)*

Conde (2008) apregoa que esse tipo de construção romantiza o capoeira no começo do século XX, colocando-o como uma espécie de anti-herói nacional, dotado de charme e sedução, amante do lúdico, da festa, inseparável da rasteira e da navalha. Esperteza, valentia e elegância seriam valores emblemáticos da "Turma da Lira", que para poderem circular nos meios sociais, instituem uma adequação no traje herdado das maltas. A roupa folgada, de cor branca e vermelha, continuaria compondo a indumentária do capoeira. Porém com mais polimento e elegância. Para isso foi utilizado o linho e a seda, em alta na época, e o pinho, nome dado a inseparável bengala que o acompanha desde os tempos de *Guaiamus e Nagoas*. Tudo isso somado ao andar carregado de ginga, os movimentos ágeis e o passado escravo parecem contribuir para uma aceitação popular desse enigmático personagem.

Porém, Salvadori (1990) destaca que esses atributos agradavam apenas parte da sociedade carioca, havia outra numerosa que se incomodava com os risos zombeteiros, com as danças sensuais, enfim com o humor dos negros que até bem pouco tempo eram escravos e que segundo eles deveriam trabalhar duro e não desafiar os "homens de bem" com sua alegria. A autora segue, dizendo que aumenta o controle ao ócio, a fim de frear a irreverência dessa turma, que mesmo não estando mais agrupada em maltas, incomoda os dominantes, principalmente pelo estilo de vida adotado, oposto ao almejado pela Nova República. O corpo ágil e livre do capoeira é mostra do indesejável pelo poder do Estado, a festa, a música e a dança são valores dissonantes ao projeto republicano. O lúdico presente na ginga da "Turma da Lira" se aproxima da dança sensual dos lundus[73], do samba, das festas, espaços do improviso e malemolência, muito distantes dos gestos condicionantes e mecânicos do trabalhador. É a capoeiragem que, *"por ser dança, remete à elegância e por fim, por ser brincadeira, remete ao não trabalho"* (SALVADORI, 1990).

A brincadeira, a dança, ginga e a música são constitutivos da cultura negra no Brasil. No Rio de Janeiro esses elementos culturais irão se concentrar na "pequena África", entre os bairros da Saúde e da Gamboa - local onde, devido à chegada de escravos baianos desde a época do mercado de escravos, agrupam-se diferentes manifestações da cultura africana. Candomblé, lundu, capoeiragem e samba se imbricam em uma verdadeira "embaixada" africana no Brasil. Hilária Batista de Almeida, mais conhecida como tia Ciata, foi a prin-

---

[73] Dança brasileira, criada a partir dos batuques dos negros bantos somados as manifestações rítmicas portuguesas, o Lundu caracteriza-se por suas umbigadas e requebros, bastante ricos em sensualidade (LOPES, 1992).

cipal aglutinadora dessa cultura no Rio de Janeiro. Mãe-de-santo pertencente à linhagem dos tradicionais candomblés da Bahia, realizava festas que duravam até mais de uma semana. Vale lembrar que na época era proibida a manifestação de qualquer tipo de expressão ligada aos negros, a religiosidade e a musicalidade eram perseguidas pela polícia. Podemos encontrar ecos desse tempo na letra do samba de Tio Hélio e Nilton Campolino:

> *Delegado Chico-palha sem alma e sem coração não quer samba e nem curimba na sua jurisdição, ele não prendia, só batia, era um homem muito forte com um gênio violento acabava a festa a pau ainda quebrava os instrumentos, ele não prendia só batia.*

Mas a casa de tia Ciata fugia à regra, as autoridades policiais faziam vista grossa para os acontecimentos na casa da famosa tia baiana. Moura (1995) atribui essa benesse a uma curiosa história relatada pelo sambista Bucy Moreira, neto de tia Ciata, ele conta que: o então, Presidente da República, Wenceslau Brás tinha uma ferida na perna, que segundo uma junta médica, não poderia ser fechada. Uma pessoa ligada ao presidente levou tia Ciata ao seu encontro, que após consultar seus orixás, curou a ferida em três dias. Em agradecimento, Wenceslau Brás consegue um emprego para o marido de tia Ciata no gabinete do chefe de polícia, que evitava "batidas" na casa da tia baiana. Essa salvaguarda permite que a casa de tia Ciata torne-se uma resistência cultural negra na capital do Brasil. Logo ela começa a ser descoberta pela elite carioca, na busca da culinária exótica, das vistosas roupas de baiana, muito usadas em peças teatrais e durante o período momesco, dos afamados "trabalhos de feitiçaria", que segundo se falava "curavam todos os males", e dos animados batuques que provocavam euforia a quem assistia. Contudo, só podiam frequentar a casa de tia Ciata pessoas indicadas ou conhecidas, como diz Moura, visto que as festas eram protegidas pelo próprio corpo policial a fim de que não houvesse confusões que estragassem o divertimento. Salienta-se que esses festejos são embriões do samba e do chorinho, gêneros musicais que representam a cultura brasileira em todo o mundo. É desse caldeirão cultural que nasce o primeiro samba gravado pela indústria fonográfica no Brasil, o tradicional *Pelo telefone*, gravado por Donga em 1916.

    O pesquisador Muniz Sodré (1998) e o sambista Nei Lopes (1992) destacam que a classe mais abastada que procurava o endereço de tia Ciata não tinha acesso aos fundos da casa. Era neste local que acontecia a batucada[74], também conhecida como samba de pernada, samba duro ou pernada carioca; ou ainda conforme Dealtry (2009), a própria capoeiragem, camuflada com os passos e ritmo do samba. Na parte da frente se misturavam aos tambores, instrumentos metálicos e de sopro, atribuindo ares mais nobres à batucada dos negros. É dessa mistura que nasce o chorinho, gênero musical que vem dialogar com os estereótipos elitistas bastante presentes no começo do século XX, bem diferente dos batuques e batucadas presentes no fundo do quintal. Nas palavras de Sodré, *"na batucada, só se destacavam os bambas da perna veloz e do corpo sutil"*. Encontram-se semelhanças também na tradição que perpassa essas manifestações, como a violência e a valentia, expressas nas letras dos sambas que começam a ganhar força a partir da segunda década do século.

    Nesta época, as letras dos sambas passam a exaltar a figura do malandro, que se confunde com o antigo capoeira pela aversão ao trabalho formal, pelo trajar e pelo uso da força física e da navalha. Matos (1982) nos mostra como a música perpassa a trajetória dos capoeiras boêmios da Turma da Lira, para se manifestar no universo do samba, retratando em suas letras traços da ginga marginal dos capoeiras diante da sociedade. Essa ginga é a síncope do samba, que abre espaço para a ação corporal do negro, ação inscrita no corpo com o sofrimento do cativeiro e retratada através do samba, do ba-

---

[74] O sambista Ismael Silva em entrevista a Salvadori (1990), narra a batucada como uma atividade cantada, cujo objetivo era um derrubar o outro com golpes desequilibrantes, presentes até os dias atuais na capoeira, como a pernada, a banda, a boca de calça, entre outros.

tuque e da capoeiragem. João do Rio (2009) e Muniz Sodré também resgatam essa ligação entre samba e capoeiragem durante o período dos entrudos carnavalescos: *"fazia-se também presente nos grupos conhecidos como malandros e capoeiras ou então desordeiros, que desfilavam nos dias de carnaval"* (SODRÉ, 1998).

Lembremos que nos anos 1930 as escolas de samba tinham na "tradicional" ala das baianas, homens travestidos armados com navalhas presas às pernas, debaixo da saia rodada, possíveis capoeiras que ao circundarem a agremiação mantinham afastados os inimigos e desafetos. Baseados no construto de Matos (1982), Salvadori (1990), Dias (2001) e Ligiéro (2004) vamos apontar o malandro como sucessor do capoeira, afinal corroborando os autores enxergamos na malandragem, características comuns à capoeiragem, tendo a gestualidade, o samba e a musicalidade como pano de fundo dessa trama. Afinal, as letras dos sambas, além de retratar as façanhas dos valentes e dos capoeiras, são uma memória viva, presentes nos discursos cantados dos chamados sambas malandros, que retratam ao mesmo tempo violência, elegância e ginga de corpo. Vale ilustrar que existe também uma modalidade de samba, o samba *chulado,* que pode ter influenciado algumas cantigas de capoeira conhecidas como, *chulas* no Rio de Janeiro.

A mesma ginga que conduz o capoeira e embala o malandro assemelha-se aos movimentos sinuosos do samba. Nos escritos de João do Rio, podemos, também, ver a ligação entre os capoeiras e os cordões carnavalescos, no que o autor dá destaque a uma jovem chamada Etelvina, uma porta bandeiras que requebrava com seus saracoteios exóticos, e no mesmo texto, é exaltada a figura de um capoeira como destaque nos cordões. Era Baltazar, que segundo o autor era o rei da capoeiragem que reinava nos carnavais junto aos outros tantos temidos capoeiras. Encontramos na oralidade uma relação entre o capoeira e o mestre-sala das atuais escolas de samba, guardião do estandarte, ostentado pela porta bandeira, segundo essa tradição oral, atrás dos trajes nobres do mestre-sala estaria a navalha camuflada pelo leque e pelo lenço de seda, e o bailar do mestre sala pode remeter aos movimentos dos antigos capoeiras.

É o corpo livre, dançante, sempre pronto para o embate, corpo descompromissado, em descompasso com a ordem almejada pelas autoridades, corpo que foge do enquadramento ideologizado por Pereira Passos e desejado pelas elites da época. É nesse decurso que a capoeiragem se amalgama com a malandragem, tendo o samba e a religiosidade como principal liga dessa mistura, capaz de gerar um personagem que povoa o imaginário nacional até os dias de hoje: o malandro. Enxergamos no malandro uma continuidade do antigo capoeira, um elo entre ambos. O antigo frequentador das páginas policiais, que passa a ser tema de músicas retratando suas façanhas outrora combatidas e agora exaltadas nas letras de samba. O criminoso e o sedutor, que parecem partilhar das mesmas ideias e subterfúgios, a fim de manterem aceso o ideal de resistência ao trabalho formal, principalmente o trabalho duro, pesado.

2.8.1. A construção da imagem do malandro

> *Malandro, eu ando querendo falar com você,*
> *você tá sabendo que o Zeca morreu*
> *por causa de brigas que teve com a lei,*
> *malandro eu sei que você não se liga*
> *no fato de ser capoeira moleque mulato,*
> *perdido no mundo morrendo de amor*
> **Jorge Aragão e JB**

Tudo indica que o caldeirão cultural existente nos já referenciados bairros da Saúde e da Gamboa conservou vívidos ecos das memórias da capoeiragem, que associadas ao samba, ao culto religioso de matrizes africanas e à necessidade de sobrevivência, adubaram o surgimento de um anti-herói que resiste às raias do tempo cronológico, persistindo no imaginário brasileiro da atualidade. Um personagem capaz de frequentar, ao mesmo tempo, cabarés e terreiros de candomblé numa íntima relação entre o profano e o sagrado, sobrevivendo à custa de golpes cotidianos, e que a partir de sua fama de valente, explora prostitutas dando-lhes "segurança" para a prática do ofício. O malandro aparece como ator principal da cultura urbana carioca, aproximadamente em 1920, retratado em sambas, contos e romances. Seu discurso ancora-se no antagonismo ao trabalho, porém sem enveredar para o caminho do crime. Sua principal arma era a esperteza, para o encontro de caminhos menos árduos de viver ou ganhar a vida, a elegância de sua indumentária foi uma das alternativas facilitadoras do trânsito urbano, além de servir para o pronto emprego de rasteiras e cabeçadas.

Muitos foram os malandros que fizeram época nos anos 1920-30-40, os chamados anos de ouro da malandragem. Miguelzinho da Lapa e Cardosinho da Saúde, ambos com extenso currículo de brigas, facadas e até homicídio. Flores, Boi e Meia-noite, conhecidos leões-de-chácara de *boites* e cabarés da cidade garantiam a segurança dos frequentadores dessas casas noturnas. Joãozinho da Lapa, notório por assassinar outro malandro conhecido como Bexiga, reinou na cidade na década de 1920. Segundo Noronha (2003), nessa época a efervescência da noite carioca migra da região da Praça Onze para o bairro da Lapa, abrigando casas de espetáculos, prostíbulos e cabarés onde se podia dançar com belas cabrochas e tentar a sorte nos jogos de azar, tudo sob a proteção dos elementos de maior periculosidade do local, os malandros. Eles mesmos cobravam para manter a "ordem" no local e afastar desordeiros, maus pagadores e até outros malandros menos prestigiosos do ambiente.

Alguns malandros mais experimentados na capoeiragem e no uso da navalha expandiam seus negócios para a *estia*, que era a "contribuição" recebida por moradores e comerciantes de cada região pela manutenção da "tranquilidade" na área, talvez um protótipo das atuais milícias no Rio de Janeiro ou um exemplo de como um poder paralelo historicamente se constitui, garantindo leis que deveriam ser da alçada do estado. Cada malandro possuía sua área em que outro malandro não poderia arranjar confusões ou estabelecer algum tipo de negócio, seja jogatinas ou qualquer tipo de "proteção". O negócio mais comum entre os malandros era a exploração das mulheres que se prostituíam nas ruas, o que era chamado de "cobertura", dada em troca de uma porcentagem dos rendimentos auferidos diariamente, negócio em que muitas delas acabavam se apaixonando "em vão" por seus protetores. Outro grande artifício usado pelo malandro eram os jogos de azar. Azar sempre para quem apostava contra, eram inúmeros, em recintos fechados como cartas, dados e até rinha de galos, enquanto nas ruas não era difícil achar algum tipo de malandro comandando banca de jogos de chapinha, na qual se tinha que adivinhar embaixo de que chapinha a bolinha estava. Geralmente estava sob a unha do dono da banca, cultivada com esmero para esse fim. Jogos de cartas sempre marcadas por goma e dados viciados que junto com a arte de blefar lesavam vários apostadores de ocasião, ou "otários" de plantão.

Matos (1982) reconhece que o malandro é o amadurecimento de uma cultura anterior à década de 1920, porém é nesse ano que ela ganha destaque nas letras de samba, projetando o malandro para muito além de seus limites geográficos ou de sua área de atuação. Para a autora, é a partir daí que a figura do malandro se associa ao sambista e vice-versa. Essa ligação pode ter ocorrido devido à incipiência da indústria fonográfica no Rio de Janeiro e a maior circulação das músicas que retratavam valores ligados à malandragem, como o culto ao não trabalho, a valentia e as aventuras amorosas, eram os sambas malandros como diz a autora. Corroborando, Dealtry (2009) acrescenta que a junção dos malandros e sambistas (se é que podemos fazer tal distinção naquela época) a partir daquele momento marca uma suposta gênese dessa malandragem, sobretudo com a difusão da voz do malandro nas letras de samba.

Apontamos em Matos (1982) e Salvadori (1990) os chamados sambas malandros e os destaques a ações reprimidas no final do século XIX e começo do século XX e agora exaltadas como em *Lenço no Pescoço* de Wilson Batista:

> *Meu chapéu do lado tamanco arrastando*
> *lenço no pescoço, navalha no bolso*
> *eu passo gingando provoco e desafio*
> *eu tenho orgulho de ser tão vadio (...)*

Podemos notar que valores estéticos como o corpo e a indumentária distinguem o personagem do samba de Wilson Batista, o mesmo corpo gingado, a roupa folgada permitindo o pronto emprego da capoeiragem. Firmo, o capoeira retratado por Aluisio Azevedo em *O Cortiço* (1997), diferenciava-se dos demais moradores justamente pelo traje: jaqueta limpa, calça larga para permitir os golpes da capoeiragem, e no pescoço o lenço de seda para proteger das perigosas navalhadas. Edmundo (1957) também descreve o afamado capoeira Manduca da Praia como sujeito elegante, calças largas, paletó branco envolto em um belo lenço azul. Além da estética, eram exaltadas nos sambas a jogatina, valentia e a vadiagem, um retrato do cotidiano dos sambistas que não enxergavam na música uma forma de trabalho, mas sim de diversão, atribuindo sentido lúdico e não formal a sua produção, como aponta Dealtry (2009) "*compor não é trabalho, pelo menos não é trabalho que cabia aos negros*". Em entrevista à pesquisadora Claudia Matos (1982), Moreira da Silva - o *kid moringueira* -, considerado como o "último malandro" da Lapa e "Rei do samba de breque". descreve o malandro não como aquele indivíduo que não trabalha, mas sim, que não pega no pesado, não encara a dureza da labuta. Nesse sentido, o ambiente lúdico dos sambistas, que passam a ganhar a vida com suas composições, se aproxima do panorama "acolhedor", apontado por Moreira da Silva, "matando" de inveja o trabalhador comum.

Matos e Salvadori apontam ainda a venda de sambas como recurso utilizado pelos sambistas para auferirem lucro com sua produção, sem com isso ingressar no mercado formal do trabalho. Entretanto, ao vender suas composições, perdiam a autoria de sucessos que tocariam nas rádios sem mencionar o nome do verdadeiro autor. Existe uma polêmica em torno do primeiro samba gravado pela indústria fonográfica, o já citado sucesso *Pelo telefone,* atribuído a Donga, porém reclamado pelos demais frequentadores da casa de tia Ciata que afirmam terem participado coletivamente da criação, sem terem ganhado os devidos créditos. Mesmo com o samba ganhando popularidade a vida dos sambistas na primeira década do século XX era permeada de dissabores com a lei, ato que leva alguns sambistas a não assumir vínculos com a malandragem e até mesmo a negar tal relação. Vejamos em Dealtry (2009) o exemplo de João da Bahiana, com o samba *Batuque na Cozinha (1932)*:

> *O batuque na cozinha*
> *a sinhá não quer*
> *por causa do batuque*
> *eu queimei o pé*
> *não moro em casa de cômodo*
> *não é por ter medo não*
> *na cozinha muita gente*
> *sempre dá em alteração*

Devido a repressão aos cortiços e às manifestações afro-brasileiras como o Candomblé e a capoeiragem, existia uma pecha que acompanharia o negro durante muito tempo, ainda mais o sambista, sinônimo de malandro nas primeiras décadas dos anos 1900. O batuque na cozinha pode nos remeter à capoeiragem, que segundo Donga[75] acontecia nos fundos das "casas de cômodo", principal alvo da reforma instaurada por Passos. Talvez por isso a negação de moradia nos locais comuns aos negros e sambistas da época.

> *(...) Mas seu comissário*
> *eu estou com a razão*
> *eu não moro na casa de habitação*

---

[75] Autor do primeiro samba gravado associa a capoeiragem às festas acontecidas nas casas de cômodo das tias baianas, para Donga, a capoeiragem também era conhecida como tiririca e batuque (SALVADORI, 1990).

eu fui apanhar meu violão
que estava empenhado com o Salomão
eu pago a fiança com satisfação
mas não me bota no xadrez com esse malandrão (...)

Como Dealtry (2009) aponta, percebemos o sentimento de distinção ao assumir a fiança, recusando-se ficar no mesmo espaço que o malandro, afinal um músico trabalhador tem seus recursos próprios e se difere do tipo vadio que vive de expedientes. Além disso, Claudia Matos (1982) diz que são os sambistas do Estácio, Gamboa, Saúde e adjacências que vêm inaugurar a ostentação da alcunha de malandro como algo valoroso, atribuindo orgulho e criando uma identidade positiva para o grupo. Diferente dos conceitos ligados à vadiagem que lhe estigmatizavam como marginais. O termo malandro lhes singularizava e destacava, aproximando-os dos anti-heróis idealizados por cronistas, jornalistas e literatos da época, em busca de um modelo representativo do brasileiro, talvez por isso as cores da primeira escola de samba, a "Deixa Falar", hoje Estácio de Sá serem vermelho e branco, a cor de Guaiamus e Nagoas, a cor representativa do malandro carioca. Ao assumir essa identidade, os sambistas do Estácio parecem dar início ao modelo afirmativo de malandragem que se espalharia para outras localidades como Vila Isabel, Mangueira, Madureira, entre outras.

Geraldo Pereira, Wilson Batista e Moreira da Silva são exemplos de sambistas que passam a assumir uma identidade malandra. Geraldo Pereira, antigo morador do morro de Mangueira, Engenho de Dentro e da Lapa, foi compositor e cantor de sambas que "falavam" a linguagem das ruas. Valentão e mulherengo foi morto após uma briga com o também valentão Madame Satã. Wilson Batista, compositor do samba *Lenço no Pescoço*, considerado por muitos o principal samba "malandro" já feito, foi um dos fundadores da União Brasileira dos Compositores e conhecido por viver de expedientes, contraindo inúmeras dívidas na praça, e o já citado Moreira da Silva, considerado como o último malandro da Lapa. O samba destes autores narra fatos do cotidiano da malandragem e do negro no Rio de Janeiro a seu tempo. A boemia, a jogatina e os pequenos golpes são enaltecidos em detrimento ao trabalho "honesto", que segundo as canções, só leva à miséria:

> (...) Ai patrão trabalhar não quero mais eu não sou
> caranguejo que só sabe andar para trás
> (...) Eu sei que eles falam deste meu proceder
> eu vejo quem trabalha andar no miserê
> eu sou vadio porque tive inclinação
> eu me lembro, era criança tirava samba canção

Os sambas retratavam o dia a dia da malandragem, o morro, os cortiços e as vielas da cidade aparecem como cenário em várias letras da época. Bambas como Sete Coroas, mestre do afamado Madame Satã, despontavam como protagonistas desses enredos. Ouçamos: "*De noite escura iaiá acende a vela, Sete Coroas bam bam da favela*" (SINHÔ, 1922). Dentro do cotidiano da malandragem é comum encontrar traços machistas em relação à mulher. Na letra de *Na subida do morro*, de Moreira da Silva, acontece uma grande confusão, porque um malandro bate na mulher do outro. Ora, defender sua mulher em um aparente ato de amor parece contradizer o machismo de nossa observação, porém percebe-se que a injúria maior acontece pelo descomedimento de alguém ter batido em uma "propriedade" alheia, afinal, como diz a canção, um malandro não deve bater em "uma mulher que não é sua", pois na ética da malandragem só era consentido bater na própria mulher.

> *Na subida do morro me contaram*
> *que você bateu na minha nega*
> *Isso não é direito bater numa mulher*
> *que não é sua (...)*
> *(...) deixou a nega quase nua, no meio da rua*
> *a nega quase virou presunto*

> *eu não gostei daquele assunto*
> *hoje venho resolvido*
> *vou lhe mandar para cidade do pé junto (...)*

Entretanto é na negação ao trabalho e valorização do ócio, característicos da malandragem, que o samba irá se contrapor aos ideais de trabalho e produtividade nacional, idealizados pelo Estado Novo de Getúlio Vargas, através do Departamento de Imprensa e Propaganda (DIP), órgão repressor que filtrará toda a produção artística a partir de 1937. Era o início da censura nas criações que exaltavam a vadiagem, o começo de uma nova caracterização da malandragem. Matos (1982) nos mostra a alteração realizada no samba *O bonde de São Januário* de Wilson Batista e Ataulfo Alves, gravado em 1940:

> *Quem trabalha é quem tem razão*
> *eu digo e não tenho medo de errar*
> *o bonde de São Januário*
> *leva mais um operário*
> *sou eu que vou trabalhar*
> *antigamente eu não tinha juízo*
> *mas resolvi garantir meu futuro*
> *vejam vocês*
> *sou feliz vivo muito bem*
> *a boemia não dá camisa a ninguém*
> *é, digo bem*

O mesmo autor ainda nos conta que a história desse samba pode exemplificar como o poder constituído pelo DIP ressignificaria as mensagens contidas nas letras das músicas. Na letra original (antes de passar pela censura) a construção era "*o bonde de São Januário leva mais um otário, sou eu que vou trabalhar*" A palavra "otário" fora mudada devido às "orientações" do DIP. Ele ainda observa que além de elogiar o trabalho regular, as letras passam a retratar e enaltecer o trabalhador, condenando o malandro ao enquadramento. O mundo do trabalho precisava mostrar-se atrativo para o povo, era preciso evidenciar valores como honestidade, virtude, alegria de trabalhar e acima de tudo a recompensa por viver longe do ócio e da malandragem. Matos ilustra este pensamento com o samba, *O bonde Piedade*, composto por Geraldo Pereira e Ari Monteiro, gravado em 1945.

> *De manhã eu deixo o barracão*
> *vou pro ponto de seção*
> *cheio de alegria*
> *pego o bonde Piedade*
> *desembarco na cidade*
> *em busca do pão de cada dia*
> *a princípio meu ordenado*
> *era pouco e muito trabalho*
> *aguentei o galho e o tempo passou*
> *agora fui aumentado*
> *passei a encarregado*
> *a minha situação melhorou*

A canção não sugere apenas uma mudança de atitudes da malandragem em relação ao trabalho: ela apresenta o resultado da escolha "certa" ao projeto político ideológico liderado por Getúlio Vargas. Segundo Ansart (1978), construções como essa objetivam uma mudança na mentalidade do grupo, que passa a desejar os valores "sugeridos" nas diferentes linguagens ideologicamente manipuladas. Com esse processo em curso e essa ideologia sendo veiculada nos diferentes meios de comunicação, o discurso da malandragem tende a perder força, abrindo espaço para uma produção imaginária que passa a preconizar uma conduta "politicamente correta". Soares (1994) aponta esse enquadramento como estratégia para a continuidade do jogo social do malandro que muda na aparência, mas mantém a essência, ouçamos Noel Rosa (1932):

> *Deixa de arrastar o seu tamanco*
> *pois tamanco nunca foi sandália*
> *e tira do pescoço o lenço branco*
> *compra sapato e gravata*
> *joga fora essa navalha*
> *que te atrapalha*
> *com chapéu de lado deste rata*
> **da polícia quero que te escapes**[76]
> *fazendo um samba canção*
> *já te dei papel e lápis*
> *arranja um amor e um violão*
> *malandro é palavra derrotista*
> *que só serve para tirar*
> *todo o valor do sambista*
> *proponho ao povo civilizado*
> *não te chamarem de malandro*
> *e sim de rapaz folgado*

Dealtry (2009) acrescenta que embora o discurso se altere, o malandro encontra subterfúgios para este enquadramento ao mundo formal. A roupa adequada à burguesia, o ingresso superficial no mercado de trabalho são exemplos de ajustes da malandragem para sobreviver. Se antes era preciso trabalhar para fugir a repressão, se fazia então necessário buscar os serviços mais leves, menos árduos, sempre em conformidade com a máxima de Moreira da Silva, quando articula que o malandro pode até trabalhar, contudo sem sofrimento nem "pegar no pesado".

Moreira da Silva foi considerado o último malandro da Lapa, bairro carioca considerado a capital da boemia brasileira, morada mítica da malandragem e um dos bairros mais glamorosos da capital federal. Era endereço da burguesia do Rio de Janeiro que frequentava seus estabelecimentos noturnos, seus cassinos e casas de

---

[76] Grifo nosso.

espetáculo, destaques durante os anos compreendidos entre o final da década de 1920 e o início da década de 1940, considerado o "período de ouro" da Lapa. Seu nome é herança do largo da igreja de Nossa Senhora da Lapa do Desterro e seu principal cartão postal é o aqueduto da carioca, considerado a obra arquitetônica de maior importância do Rio Antigo e até os dias atuais um dos símbolos do Rio de Janeiro. Conhecido atualmente como os Arcos da Lapa, o aqueduto foi construído em 1723 durante o período do Brasil Colônia, com o objetivo de levar água do rio carioca para o alto do morro do desterro, hoje chamado de bairro de Santa Tereza. A imponente construção tinha a finalidade de sanar os problemas de falta de água na época, fazendo a distribuição inclusive para o resto do estado.

A Lapa "capital da boemia" começa a se desenvolver a partir de 1910 tendo sua última grande badalação na comemoração do fim da guerra em 1945. Durante este período foram inúmeros os festejos no bairro que Durst (2005) apelida de *Montmartre* dos trópicos. O café Colosso, o Capela, o café Bahia e o Imperial eram locais concorridos para petiscos, refeições fora de hora e *drinks* variados. Já nos cabarés *Apolo, Royal Pigalle, Vienna, Budapest,* Novo México e Casanova entre outros, podia-se comer, beber, dançar e jogar a noite toda sonhando tirar a sorte grande. Para os diversos apreciadores, as casas de pensão eram os lugares escolhidos para se tomar um bom trago acompanhado de belas polacas, francesas e brasileiras de toda sorte, sempre dispostas a uma boa dança, conversas animadas e outros misteres. O bairro da Lapa era cursado por um público eclético, de políticos que entre um *chopp* e outro ensaiavam um novo discurso a ser empregado em "prol do País", a sambistas e compositores negociando suas obras. Existiam também literatos divagando sobre a boemia e a sociedade, esses eram os frequentadores da Lapa, pessoas em busca de diversão ou trabalho. Existiam, porém, pessoas que uniam trabalho e diversão nas noites da Lapa. Eram os conhecidos malandros, que descolavam seu sustento sem pegar no batente formal, encontrando sempre um jeitinho para auferir lucros financeiros ou afetivos. Segundo Durst, existiam diferentes tipos de malandro: o jogador, o sambista, o cafetão e o valentão. Todos eles tinham algo em comum, o trajar fino e elegante, a aversão ao trabalho formal e a boa lábia utilizada para a circulação social e acima de tudo para enganar os trouxas.

Falar da Lapa e da malandragem torna obrigatória a alusão a Madame Satã, o mais afamado malandro do Rio de Janeiro, discípulo de Sete coroas, parceiro e rival de tantos outros. Seu nome é ligado a muitas histórias reais e outras fantasiosas, porém todas ajudaram a transformar João Francisco dos Santos na lenda Madame Satã. Madame Satã, pernambucano e morador da Lapa na cidade do Rio de Janeiro, malandro destemido, ficou preso durante vinte sete anos e oito meses em sua maior parte na prisão da Ilha Grande no Rio de Janeiro, para onde eram mandados os criminosos mais perigosos do país. Um negro de aproximadamente um metro e setenta e cinco centímetros, ator transformista e valentão, temido e admirado. Capaz de enfrentar a polícia e dar cabo de outros malandros rivais, Satã era conhecido pelos amigos como uma pessoa carinhosa e protetora, tendo cuidado de uma mulher e adotado cinco filhos durante sua vida. Entre muitas façanhas, Satã se destaca ao assumir e defender, muitas vezes no braço, sua homossexualidade que contrastava aos denodos machistas de sua época. Suas aventuras foram retratadas em alguns livros e em filmes como a Rainha Diaba e Madame Satã, e até hoje seu nome figura no imaginário como conhecedor da capoeiragem, desafiando a polícia e quem mais cruzasse o seu caminho. Como se não bastassem suas façanhas e aventuras para afugentar os inimigos e desavisados, o nome Satã, que vem de uma fantasia com a qual João Francisco vencera um concurso de carnaval, remete também ao diabo no cristianismo, ligando seu nome a uma figura temida e maligna, alimentando uma construção simbólica de temor e horror pela figura do lendário Madame Satã.

Nos anos posteriores aos de 1930, 40 e 50, o bairro da Lapa deixa de ser o centro noturno do Rio de Janeiro. Durst ainda mostra que com o deslocamento dos *cassinos* e das casas de *show* para a Zona Sul, a vida boêmia da cidade muda de endereço. O samba vai perdendo prestígio e dando lugar à bossa nova, que se coaduna com os valores da emergente Zona Sul carioca, tanto que entre 1960 a 80 determinados predicados ligados à malandragem parecem ser questionados por parte do povo brasileiro, que passa a enxergar a malandragem um mal a ser combatido. São os anos de chumbo[77] que silenciam vozes contrárias ao Governo Militar instituído. Ao escrever a Ópera do malandro no ano de 1977, Chico Buarque retrata esse enquadramento da malandragem através dos tempos, demonstrando certo saudosismo pelo anti-herói que gingava diante do sistema, justamente em uma época em que "gingas, síncopes e negaças" sucumbiam ante ao DOPS[78]. Porém quem pensa que o ruir do período áureo da malandragem vai decretar a morte do malandro está enganado. Esse personagem parece ter se amalgamado ao imaginário carioca, estando presente em elementos da cultura corporal de movimentos como o samba, o futebol e a capoeira - ou, ainda, no paradigma hedonista[79] da "lei de Gerson[80]" que nos indica a moral de que "é preciso levar vantagem em tudo". O malandro não morre,

---

[77] Foram os anos de maior repressão durante a ditadura militar no Brasil, que duraram desde 1968, com a implantação do AI-5. Até o final do Governo do General Médici em 1974 (D'ARAUJO ET ALL, 1994).
[78] Departamento de ordem política e social. Criado em 1924, utilizado principalmente durante o Estado Novo e no período de ditadura de 1964, cuja intenção era reprimir movimentos políticos e sociais contrários ao regime Militar no poder. (D'ARAUJO ET ALL, 1994).
[79] Nome dado a doutrinas que colocam o prazer como bem maior, admitindo sua busca como fator ético primordial. Em um sentido mais específico, pode ser entendido como um pensamento egoísta, egocêntrico objetivando os prazeres da vida acima de tudo (JAPIASSÚ, 1996).
[80] Expressão originada de uma propaganda de cigarros da marca Vila Rica, na qual o meia armador Gerson, jogador da seleção brasileira de futebol e de grandes clubes do Rio de Janeiro, era o "garoto propaganda". Essa expressão fica conhecida como um modelo negativo para a sociedade da época que vivia o paradigma dos anos de repressão da ditadura Militar no Brasil. Gerson preconizava em seu bordão que ele gostava de levar vantagem em tudo, certo. Ficando marcado como modelo de "vantagem a qualquer preço" (SOARES, 1994).

ele muda a roupagem para continuar seu jogo social. Ele abdica do terno de linho branco, guarda sua navalha, e reaparece povoando todo o Rio de Janeiro. Soares (1994) e De Viel (2003) apontam que os valores da malandragem chegaram até mesmo na classe média carioca, um indício do que DaMatta (1996) chama de jeitinho brasileiro, presente no imaginário nacional e que pode ter raízes na capoeiragem e na malandragem.

2.9 Das ruas ao ringue: os caminhos da desportivização da capoeira

A prática da capoeiragem parece se ausentar do cenário depois da primeira década do século XX na capital da República. Ferreira (2007) aponta para a escassez de informações sobre a capoeira carioca de 1910 a 1950. Segundo a autora, parece que a capoeira fluminense adormece durante 40 anos, deslocando o foco para a Bahia, enquanto no Rio de Janeiro a capoeiragem parece ter seguido outros caminhos: o da cultura presente no samba e na malandragem e o do esporte, sendo inclusive proposta mais de uma vez como uma forma representativa de ginástica brasileira. Em 1907 é lançada a obra: *Guia da capoeira ou Gymnástica brazileira*, na qual o autor identifica-se com as iniciais "O D C", que segundo Moura (2009) foi escrita por um oficial da Marinha que por medo das repercussões negativas, já que a capoeira era crime previsto no código penal brasileiro, procurou não se identificar.

O livro era uma espécie de manual das técnicas da capoeiragem, (na obra já tratada como capoeira), que além de registrar golpes de ataque e defesa, procurava desvincular o praticante da gymnástica nacional do antigo capoeira, alcunhado de gatuno, faquista, navalhista, vagabundo e etc., sendo por estes predicados suscetível à frequência nas prisões. A obra contribui para o início do processo de aceitação social da capoeira nos meios militares sendo difundida como prática marcial na caserna e talvez uma semente do processo de desportivização da capoeira.

Com a forte influência do higienismo no Brasil, logo se valoriza a presença de elementos esportivos estrangeiros como as ginásticas e algumas lutas, tais quais o Savate francês, o Boxe inglês e o Jiu-Jitsu japonês. A educação física no primeiro quartel do século XX acompanha os pressupostos médico-sanitários[81] implantados por Oswaldo Cruz e defendidos por Rui Barbosa[82]. Conforme Ghiraldelli (1989) a prática de esportes passaria a ser incentivada, vislumbrando um fortalecimento do povo brasileiro assim como uma forma saudável de ocupação. As fileiras militares se destacam nesse tipo de atuação e é nessa perspectiva que no primeiro semestre de 1909 chega ao País o mestre japonês de Jiu-Jitsu Sada Miyako, contratado para ensinar essa arte na Marinha do Brasil.

Aqui chegando, Sada Miyako lança um desafio a qualquer lutador brasileiro para tentar provar a eficiência do jiu-jitsu nipônico. Como a capoeiragem estava em alta, sob a influência de reportagens como a de Lima Campos na revista Kosmos, em 1906, que enaltece o capoeira como um lutador característico das ruas do Rio de Janeiro, ninguém melhor que o capoeira Ciríaco *Macaco* para, no dia primeiro de maio de 1909, subir ao ringue armado no pavilhão internacional de São Cristóvão. Ciríaco de fato era o azarão diante do renomado lutador oriental, mas usando toda a agilidade conquistada nas ruas através da capoeiragem, o mulato franzino nocauteia seu corpulento contendor com um poderoso rabo-de-arraia em cheio no rosto.

> *(...) e o Ciríaco para história ele entrou, derrotou um japonês campeão de jiu-jitsu e judô, em São Cristovão*

---

[81] Pressupostos pautados no higienismo que exerce influência desde o final do império até a primeira República (GHIRALDELLI JR, 1989).
[82] Membro fundador da academia brasileira de letras, Ministro da Fazenda, criticado por mandar queimar os Livros de Matrículas de escravos existentes nos cartórios das comarcas e registros de posse e movimentação patrimonial envolvendo todos os Escravos. Ruy Barbosa defendia a educação física como um instrumento saudavel, formador do caratér e do físico (BARBOSA, 1909; SOARES, 1994).

> onde a luta aconteceu, o povo do Rio vibrou e a capoeira venceu, no meu Rio de Janeiro a minha memória não falha (...)
>
> MESTRE GEGÊ

Porém, segundo Araújo (1997), Ciríaco teria preparado uma estratégia nada convencional em lutas formais, enquanto o lutador oriental seguia sua tradição de curvar-se em forma de cumprimento diante de seu oponente, o negro Ciríaco desfere uma volumosa cusparada nos olhos do japonês que lhe deixara momentaneamente cego e vulnerável ao golpe fatal. Detalhe, Ciríaco *Macaco* teria subido ao ringue mascando fumo a fim de otimizar seu ataque. Torna-se interessante observarmos um confronto de paradigmas envolvido no duelo entre Ciríaco e Sada Miyako, de um lado o Jiu-Jitsu, um sistema de combate pautado na rigidez do *Bushidô*[83] anunciado na ética do cumprimento e reverência de Miyako e do outro, a capoeira uma luta imbricada na malandragem e que segundo Sodré (1998) se faz presente nos interstícios, nas ruas, apregoando a maneira que o negro dialogou com sua realidade adversa, percebida no "artifício" utilizado por Ciríaco para vencer a luta. Ouçamos do próprio Ciríaco o relato de sua façanha:

> Cheguei em frente com ele, dei as minha cuntinença e fiz a primeira ginga, carculei a artura do negrinho, a meiada das pernas, risquei com a mão pra espanta tico-tico, o camarada tremeu, eu disse: então? Como é? Ou tu leva o 41 dobrado ou tu está ruim comigo, pruquê eu imbolá, não imbolo. O japonês tremeu, risquei ele por baixo, dei o passo da limpeza gerá, o negrinho aturduou, mexeu, mas não caiu. Eu me queimei e já sabe: tampei premero, distroci a esquerda, virei a pantana, óia o hóme levando com o rabo-de-raia pela chocolateira. Deu o ar comprimido

---

[83]É um código de conduta originário dos samurais pautada em valores como honra, sabedoria, serenidade, oriundas dos sistemas religiosos Confucionismo, Xintoismo e Budismo (YUZAN,2003).

e foi cume poeira. Aí eu fiz o manejo da cumprimentação e convidei o hóme pro relógio de repetição, mas o gringo se acontentou com a chamada e se deu por sastisfeito (A Noticia, 1909).

Ao leitor menos ambientado na capoeiragem, tentaremos apresentar nossa versão para a fala de Ciríaco: ao cumprimentar o lutador nipônico, o capoeira calcula a sua envergadura, faz uma figuração, uma finta, que amedronta o japonês e então pergunta, intimidando, se ele prefere levar com o 41 (número do calçado) no rosto, porque para a luta agarrada ele não iria. O capoeira então lhe aplica uma rasteira desequilibrando-o sem derrubar. Ciríaco simula um pontapé e desfere outro em sentido contrário, um rabo-de-arraia, golpe característico da capoeira, atingindo com o calcâneo o rosto do oponente. O capoeira convida Sada Miyako para continuar o duelo, porém o lutador dá-se por vencido.

Círiaco foi matéria de diversos periódicos da época que tentavam transformar um capoeira das ruas em herói nacional, sugerindo inclusive o ensino da vitoriosa capoeiragem para as Forças Armadas, em vez do combalido *Jiu-jitsu* japonês, o que não ocorreu, pois Miyako seguiu ensinando sua arte para os militares. Círiaco *Macaco* pode ser considerado um dos elos da antiga capoeiragem para a capoeira atual, um negro das ruas, que sobe um ringue para enfrentar um laureado lutador oriental, no primeiro Vale-Tudo[84] noticiado da história do Brasil. Se antes o capoeira foi tratado como criminoso, depois de Círiaco poderia ser a alternativa para o surgimento de um símbolo nacional. Nessa perspectiva Coelho Neto[85] en-

---

[84] Luta sem regras, em que se encontram em combate lutadores distintos objetivando a vitória por nocaute ou por desistência do oponente. (...) a prática se ressignificou e é chamada de MMA (Mixed Martial Arts) uma mistura de artes marciais, com uma indústria rentável contando com campeonatos e transmissão em canal de televisão fechado (GRACIE, 2008).
[85] Jornalista, boêmio e um dos maiores escritores do Brasil, ocupou vários cargos governamentais tendo participado ativamente da campanha abolicionista, além de ter sido um dos fundadores da Academia Brasileira de Letras ocupando a cadeira número 2 (COUTINHO ET SOUZA, 2001).

dossa a prática da capoeiragem como símbolo brasileiro de ginástica, capaz de promover um desenvolvimento harmonioso do corpo e das capacidades perceptivas contidas nos golpes e movimentos.

Em 1908, um ano antes da famosa luta de Críaco e Sada Myiako, muda-se para o bairro de São Cristovão "Agenor Moreira Sampaio", nascido em Santos, São Paulo. Ficou conhecido como Sinhozinho, talvez por seu histórico familiar, pois era um branco, filho de família abastada e com um pai coronel. Sinhozinho foi um grande desportista, praticante de halterofilismo, jogador de futebol, preparador físico e massagista esportivo. O contato com a capoeiragem deu-se no Rio de Janeiro no mesmo ano de sua chegada à capital, que teria aprendido com os bambas e valentes de sua época. Ele presenciou o duelo do pavilhão de São Cristovão, que evidenciou a capoeira como luta, influenciando sua trajetória como mestre de uma capoeira desportivizada e voltada para o combate. Sinhozinho resgata a iniciativa de ODC (1907) em apresentar a capoeira como modelo de ginástica brasileira. A capoeira de "sinhô", como era chamada, era praticada sem o berimbau, herança do tempo da antiga capoeiragem do Rio de Janeiro que também não fazia uso do instrumento. Historiadores como Carlos Eugênio Soares (1994) e Frede Abreu (2003) apontam que o berimbau se uniu à capoeira na Bahia, talvez em decorrência da menor repressão à cultura negra e do consequente processo de aculturação entre diversas etnias africanas neste estado, tendo depois se difundido para o resto do Brasil.

A ênfase da capoeira de Sinhozinho era na luta, com elementos da ginástica, pesos, halteres, cordas e outros implementos, a fim de aperfeiçoar os treinamentos para a construção de um corpo forte, preparado para o enfrentamento. Ferreira (2007) nos conta que vários alunos de Sinhozinho enfrentaram outros lutadores nos primórdios do vale-tudo no Rio de Janeiro, foram famosos, *Cirandinha* e Hermanny, tendo o último vencido confrontos contra alunos de Mestre Bimba e contra o afamado Mestre baiano Artur Emídio de Oliveira⁸⁶. No começo da década de 1930, Sinhozinho inaugura o *Club Nacional de Gymnástica*, designado ao ensino da capoeira como um elemento ginástico. Dois anos antes, Annibal Burlamaqui publica um livro intitulado "Capoeiragem Methodizada e Regrada", seguindo o mesmo exemplo do já citado ODC (1907), preconizando a capoeira mais uma vez como modelo de ginástica brasileira. Os argumentos de Burlamaqui em muito se assemelham aos de ODC, separando uma capoeira aplicada à um modelo ginástico-nacional, de uma capoeiragem enredada no crime e na marginalidade, enfatizando aspectos esportivos e marciais. Sinhozinho realiza na prática os ensinamentos de ODC e Burlamaqui, apregoando uma capoeira longe das raízes africanas e muito próximas dos valores esportivos estabelecidos pelo higienismo, bastante aceitas pelas elites da época. Vale a ressalva que Sinhozinho foi um excelente desportista, campeão em levantamento de pesos, jogador de futebol, preparador físico, treinador de atletismo e técnico de futebol do América Futebol Clube. Mas foi na capoeira que Agenor Sampaio teve seu nome imortalizado como o último representante de uma capoeira sem o berimbau, utilitária e eficiente no combate corpo a corpo.

Tom Jobim e outros jovens da Zona sul do Rio de Janeiro foram alunos de Sinhô: *"a capoeira que nós praticávamos era feita num grupo diferente, não era o pessoal da classe baixa. Era aquele pessoal da praia de Ipanema, onde tinha de tudo"* (HERMANNY, 2003). Também tiveram destaque no universo da capoeira Rudolf Hermanny, campeão de judô e de vale-tudo e o estudioso André Lace, autor de obras que abordam este universo da capoeiragem. Existiu, porém, um aluno de Sinhozinho que na tentativa de perpetuar seu legado, formalizara um projeto monográfico intitulado: *Subsídios para o estudo da metodologia do treinamento da capoeiragem* (1945). Inezil Penna Marinho, professor de Educação Fí-

---

⁸⁶ Mestre de capoeira Baiano de Itabuna, radicado no Rio de Janeiro no bairro de Bonsucesso tendo influenciado a capoeira do subúrbio carioca, alavancada grande parte com seus discípulos. Destacando Mestre *Celso da Rainha,* Djalma Bandeira, Leopoldina, entre outros.

sica e oficial da Marinha responde a autoria desta obra que, condensa as tentativas anteriores de Burlamaqui e ODC, junto aos ensinamentos de seu mestre, Sinhozinho. Era o clamor do reconhecimento da capoeira como uma "arte marcial brasileira". A iniciativa de Marinho rendeu-lhe a primeira colocação no concurso de trabalhos sobre Educação Física, realizado pelo Ministério da Educação e da Saúde no ano de 1944. Ao longo de sua obra Marinho denota a importância da capoeira como luta de enfrentamento e prática de exercício físico, mas assim como o seu mestre ele não relaciona o uso do berimbau nem aspectos rituais da roda de capoeira com sua proposta. Talvez devido a esta ausência do berimbau de sua capoeira, Sinhozinho não tenha deixado como legado discípulos que perpetuassem sua obra, seu estilo de jogo desapareceu com o fim de sua escola, passando a habitar a memória da capoeira carioca.

2.9.1 Mestre Bimba e Mestre Pastinha: os baluartes da capoeira moderna

Diferente da história no Rio de Janeiro, permeada de prisões, repressões e coerções, a capoeira da Bahia encontra melhores condições para o processo de aculturação das diferentes matizes da cultura africana. Segundo Soares (1994) o estado da Bahia foi o que mais recebeu escravos africanos no Brasil e foi capital do país desde o ano de 1549, passando o posto para a cidade do Rio de Janeiro em 1763. Sodré (2002) descreve que as manifestações culturais de origem africana também foram perseguidas, porém no momento que a Capital do Brasil muda de endereço desloca-se também o foco das atenções e repressões. Com enorme quantidade de africanos e uma acomodação por parte das autoridades instituídas, a Bahia constrói sua identidade intimamente ligada aos costumes herdados da África. Sodré aponta, também, a disputa pelos espaços urbanos no Rio de Janeiro muito mais acirrada do que na Bahia, o que pode ter ocasionado certa tolerância aos costumes africanos, fazendo com que o estado soteropolitano fosse conhecido como a "Roma Negra".

O governo Vargas, em uma tentativa de aproximação do povo, libera em 1934 as práticas até então proibidas, como o samba, a capoeira e o Candomblé. Então, a partir do enfraquecimento da capoeira no Rio de Janeiro, ela começa a ganhar notoriedade no nordeste. No Estado da Bahia, Manuel dos Reis Machado cria oficialmente a primeira escola de capoeira da história. Mestre Bimba, como ficou conhecido, aprende capoeira aos doze anos de idade com um ex-escravo africano chamado Bentinho. Bimba fora estivador e filho de um campeão de Batuque, que iria influenciar sua capoeira.

Segundo os autores Almeida (1982), Sodré (2002) e Moura (2009), ex-alunos do Mestre Bimba, o mestre funde elementos do Batuque com elementos da capoeiragem para criar a luta regional baiana, mais tarde conhecida como Capoeira Regional. Porém Lace (1999), denuncia que a obra de Mestre Bimba foi alterada com o intuito de corroborar um discurso corporativista do grupo que o representa na atualidade. Na primeira edição do livro que acompanhava o disco de Mestre Bimba e sua Capoeira Regional, vinha escrito o seguinte texto: *"seu espírito criador fez um aproveitamento da savata, do jiu-jitsu, da greco-romana e do judô, compondo um método próprio, hoje conhecido como a regional bahiana, baseada em 52 golpes"* (LACE, 1999). O autor nos fala que na edição atual do mesmo livro foi suprimida do parágrafo a parte que continha as lutas não brasileiras que compunham a capoeira regional de Bimba, ficando o texto atual da seguinte forma: *"seu espírito criador compôs um método próprio, hoje conhecido como a Regional Bahiana, baseada em 52 golpes"*.

A genealogia da regional tinha sido alterada de uma forma sutil, mas determinante para o surgimento de um discurso ideológico que apontava o *Batuque*[87] como único elemento que contribuíra para a formação da capoeira de Mestre Bimba. Após esta reinven-

---

[87] Luta popular de origem africana também conhecida como batuque-boi. Uma modalidade de capoeira muito praticada nos municípios baianos de Cachoeira, Santo Amaro e na própria capital da Bahia, onde o batuque é sinônimo de capoeira ou pernada (Cascudo 2001. p.59).

ção, Mestre Bimba se protege da acusação de ter descaracterizado a capoeira e passa a ser louvado como o mito fundador da "nova capoeira", a regional. Isso nada mais é do que:

> *O trabalho de transformação, de reinvenção do mito para adaptá-lo a exigências particulares, ou pode-se dizer, partidárias. Um grupo que se encontra em situação de inferioridade e que se esforça por progredir na hierarquia dos prestígios e dos poderes manipula o mito, suprime a parte da narrativa que explicava a sua inferioridade, substitui-a por outra que legitima a sua superioridade (ANSART, 1978).*

Na mesma época surge na Bahia o Centro Esportivo de Capoeira Angola de Vicente Ferreira Pastinha, através do qual Mestre Pastinha aparecia como reação dos capoeiristas à crescente Capoeira Regional. Os mestres que não aderiram às ideias de Mestre Bimba elegem Mestre Pastinha como representante dessa corrente de pensamento chamada Capoeira Angola, que segundo discursos de seus praticantes, mantém maior ligação com as raízes africanas. Já nos anos 1970 o Conselho Nacional de Desportos (CND) inclui a capoeira aos demais desportos praticados no Brasil. Desde então, ela assume caráter esportivo, visto que seus praticantes começam a disputar campeonatos e competições organizadas pela Confederação Brasileira de Pugilismo (CBP), dando, assim, um novo viés à modalidade corporal oriunda de escravos africanos no Brasil.

Com isso, direcionaremos nosso olhar aos atuais grupos de capoeira que a partir da década de 1980 parecem ter se fortalecido e se organizado através do modelar Grupo Senzala, que segundo Passos Neto (1995) serviu como referência para os principais grupos de capoeira no Brasil. Alvo de críticas e elogios, o Grupo Senzala inicia a época dos grandes grupos de capoeira e das novas relações sociais nos mesmos. Surge então um novo modelo estético oriundo da zona sul do Rio de Janeiro, *lócus* de origem do Grupo Senzala, que passa a sugerir valores que atuam dentro desse viés, dito, contemporâneo. Dentre os símbolos que passam a fazer parte da capoeira podemos destacar a indumentária proposta pela federação em 1972 (calça de helanca, cordel transpassado e camisa de malha com o símbolo da associação), porém com uso de cordas. Outro costume incorporado pelo Senzala, foi a prática da capoeira sem a utilização de camisas, expondo a "boa forma" do capoeirista, que parece atender aos valores veiculados na mídia trazendo uma nova estética para a modalidade. Cria-se uma separação hierárquica através de cordas coloridas de graduação e o surgimento de uma ideologia que parece deslocar a figura do mestre para a de um técnico desportivo. Nesse aspecto, não basta o mestre se aproximar dos mitos ou do sagrado, ele tem que ter também competência técnica e estética.

Ansart (1978) nos lembra que cada ideologia possui seu próprio esquema temporal, coordenando passado, presente e futuro para significar de maneira plena as ações atuais dentro dos grupos. O autor exemplifica essa passagem com a ideologia liberal que enfatiza a riqueza e as tradições do passado, mostrando as "insuficiências" que permitem atestar, o presente como um tempo bem melhor, garantia de um futuro promissor. Já na ideologia revolucionária, se sublinha um passado injusto, oprimido e infeliz que deve ser destruído, porém lembrado como algo que não se deseja mais. Esse esquema ideológico-cultural pode estar presente dentro dos grupos de capoeira, pois o que se percebe é que alguns parecem buscar legitimação recorrendo a um passado supostamente tradicional e com isso superior, enquanto outros tentam invalidar as linguagens do passado, tornando-as ultrapassadas e não compatíveis com a atualidade, como faz a atual capoeira contemporânea[88]

Passos Neto[89] (1995) discute o panorama que surge a partir do mercado possibilitado pela desportivização da capoeira, uma vez

---

[88] Estilo de capoeira, misto da capoeira angola e da regional, praticada em sua maioria por grupos oriundos da capoeira regional. Segundo (Almeida, 2004) a denominação é usada pela primeira vez por Mestre Camisa durante uma das aulas do curso superior de capoeira da Universidade Gama Filho.
[89] Conhecido nas rodas como Nestor Capoeira, ator principal do filme de capoeira *Cordão de ouro*, e um dos mestres precursores no ensino desse jogo no exterior.

que ocorre, nas décadas de 1960 e 1970, a migração de trabalhadores do norte e nordeste do Brasil para o sudeste. Centros como Rio de Janeiro e São Paulo passam a receber mestres de capoeira oriundos da Bahia que ajudaram a fomentar esse "novo esporte" atualmente encontrado em todo o Brasil. Da década de 1970 para a atual, a capoeira passa por um processo de institucionalização, podendo ser encontrada em diversas camadas da sociedade, sendo apresentada como parte importante da cultura nacional e transformando-se numa das manifestações brasileiras mais conhecidas no exterior, como bem nos mostra Da Costa (2005). Paralelos ao processo de desportivização surgem grupos, federações e associações de capoeira que difundem e fomentam a modalidade no Brasil e no exterior. Essas entidades funcionam como elementos reguladores e norteadores das ações de seus filiados, atuando como verdadeiras empresas num sistema de franquias e filiais. Em diversos países, como também aponta Moreira (2007), a capoeira é ensinada na língua portuguesa, sua história, seus movimentos e seus cânticos são reproduzidos com base nos ensinamentos de mestres brasileiros. Já em 1981, o professor Inezil Penna Marinho, em uma "Mensagem de Brasilidade", retoma o projeto de transformar a capoeira na *ginástica brasileira,* fazendo uma distinção entre a capoeira e as demais formas de luta da época. Este projeto foi apresentado por ele no congresso mundial da AIESEP (Association Internationale des Écoles Supérieures d'Éducation Physique), organizado pela Universidade Gama Filho no Estado do Rio de Janeiro.

Esse cenário aponta as possibilidades de capitalização por parte desses capoeiristas, que utilizando o seu *know-how* nesta arte brasileira passam a ter boas possibilidades profissionais neste novo mercado internacional em franca expansão. Países como França, Itália, Estados Unidos e Alemanha, recebem inúmeros brasileiros para ensinar essa modalidade, incluindo as esferas educacionais. Estudos publicados no *Atlas do esporte no Brasil relatam* que atualmente a capoeira possui cerca de seis milhões de praticantes, contando com aproximadamente trinta e cinco mil núcleos de ensino só no Brasil, estando presente também em outros cento e cinquenta e seis países. Vale observar, contudo, que o estudo do professor Lamartine Pereira da Costa se limitou a quantificar os capoeiristas inscritos nas diferentes federações, confederações, ligas e associações formais de capoeira. Porém, pensando na situação de capoeiristas que migraram clandestinamente para o exterior, a fim de ministrar aulas, e na opção de alguns capoeiristas em não se associar a alguma instituição formal de capoeira, estima-se que esse número de praticantes seja ainda maior do que o revelado pela pesquisa.

Os Imaginários Sociais em Bronislaw Baczko

Identificada e percebida a figura do malandro no histórico social do Rio de Janeiro, passemos então à compreensão da teoria dos imaginários sociais sob a concepção do filósofo polonês Bronislaw Baczko (1985), deixando que nossa lente nos caminhos sinuosos da capoeira e da malandragem nos conduza nestes meandres que fogem ao olhar racional e aparente, mas estão submersos em nosso inconsciente coletivo e se fazem necessários para apreendermos os discursos de nossos atores sociais, os capoeiristas. O autor diz estar em voga associar imaginação e política, assim como o imaginário e o social. Essas aproximações parecem ter lugar comum em discursos políticos, ideológicos e das ciências humanas, citando o discurso de contestação ocorrido na França no Maio de 1968 como uma das primeiras expressões de consciência acerca da imaginação, algo capaz de envolver e aderir pessoas em prol de uma causa ou movimento, uma situação inusitada, pois sempre coube à imaginação ser responsável pelas artes, pelos sonhos e devaneios, comumente considerados oposição ao real, ao sério, ao "produtivo".

Maio de 1968, na análise de Baczko foi o emblema de um período em que a imaginação eclode na cena coletiva. A partir de um Protesto iniciado por estudantes universitários na França que ocasiona uma greve geral no país, influenciando principalmente outros países da Europa. As frases e os pensamentos dos estudantes foram as principais armas de conscientização e mobilização popular durante o manifesto. Frases que valorizavam o pensamento imaginativo como: "o sonho é realidade", "abaixo o realismo socialista", "viva o surrealismo" e "a imaginação ao poder" foram dizeres indeléveis que além de darem voz à imaginação reprimida afirmam todo seu poder de persuasão e adesão nos grupos sociais. Antes silenciado, o imaginário tornou-se objeto de estudo, sobretudo nas ciências humanas, seja acompanhado pelo adjetivo "social" ou pelo adjetivo "coletivo", ganhando terreno inclusive no campo discursivo.

Segundo Baczko, antropólogos, sociólogos, historiadores e psicólogos, passam a reconhecer ou até mesmo entrar em contato com a complexidade do imaginário na vida coletiva, em especial no exercício do poder. As ciências humanas destacam o fato do poder, em específico o poder político, estar circundado de representações coletivas, pois para tal poder, dominar o imaginário e o simbólico torna-se um valioso recurso. O autor ainda salienta que não foi possível se apropriar das diversas funções do imaginário devido a uma tradição intelectual. Houve, pois, no século XIX, uma afirmação das correntes do pensamento, que enfatizavam argumentos do tipo: *"não são as ideias que fazem a história, a história verdadeira e real dos homens está para além das representações que estes têm de si próprios e para além das suas crenças, mitos e ilusões"* (BACZKO, 1985). Tratava-se de uma tendência cientificista e realista que objetivava apartar o "verdadeiro" e o "real" do "ilusório", do "quimérico". A ciência era entendida como elemento desmistificador da imaginação; o saber científico seria a única fonte de conhecimento seguro. Não é de se estranhar que, até os dias atuais, a palavra imaginário apareça como algo fantasioso, enganoso e não científico.

Para o filósofo essa corrente apresentava uma grande contradição entre a operação científica e o objeto que ela constrói de forma inconsciente. Ele diz que a ciência se justifica por desvendar os mistérios ocultos, ora, então a ciência é por sua natureza reveladora. Contudo, esse olhar "descobridor" da ciência não contempla as profundezas do imaginário social, seus atores, suas estruturas simbólicas. Nessa perspectiva existe uma lacuna que escapa ao olhar "soberano" da ciência, que constrói o indivíduo de um modo racional e despido de suas subjetividades. Contudo Baczko adverte que a história é cíclica e que os sentidos das palavras sofrem deslocamentos ao longo dos tempos, podendo, nos campos discursivos, transitar entre a periferia e o centro: pode ser o caso da imaginação e do imaginário no atual discurso das ciências humanas, que enxergam o imaginário como irreal somente quando o mesmo é colocado entre aspas, ressaltando as ações do imaginário nas práticas coletivas dentro dos grupos sociais.

Ora, como seria possível separar os atores sociais e suas ações, das suas imagens mentais, de si próprios, e até de seus opositores? Afinal, não são as representações, que modelam e norteiam as atitudes tomadas durante a contenda? Não são essas mesmas representações legitimadoras da violência empregada? Baczko explica que em uma guerra ou batalha, são as imagens positivas de sucesso e de metas a alcançar que propiciam um terreno fértil para o emprego da refrega. No entanto, o autor mostra que a existência e as múltiplas atribuições dos imaginários sociais não deixaram de ser vistas por todos aqueles que se questionavam acerca das estruturas da vida social e, destacadamente, por aqueles que verificavam a intervenção eficiente dos símbolos e das representações nas práticas coletivas e seus caminhos. O fato é que as margens de construção, liberdade e novidade na produção das representações coletivas, em especial na dos imaginários sociais são restritas, pois os simbolismos que possibilitam a estratificação social são limitados e fixos, e suas técnicas, corporais, artísticas e da língua, podem vir a se confundir com os ritos, produtores dos diferentes mitos norteadores dentro dos grupos.

Em sua teoria, o filósofo polonês nos ensina que existem mitos com implicações ideológicas e ideologias que camuflam alguns mitos seculares, possibilitando maior eficácia nas disputas simbólicas. O autor descreve que as situações de conflitos entre os poderes instigam o descobrimento de novos mecanismos para o domínio do imaginário, um grupo sempre procura desmerecer e desvalorizar o adversário para então enaltecer seus pontos fortes, evidenciando poder, através de representações grandiosas a fim de obter adesões e aumentar ainda mais o poder do grupo. O filósofo exemplifica essa passagem com a disputa entre o clero e a igreja: a descoberta de novas técnicas, assim como seu aperfeiçoamento e distinção, acarretava a transição de uma operação simples dos imaginários sociais a uma intervenção mais elaborada e estudada. Com isso, assevera que desde então passa a existir uma maior preocupação na apropriação especializada acerca dos imaginários sociais que se confunde com a história da propaganda e do aperfeiçoamento de seus profissionais. Quanto a esses, podemos dizer que se valem dos mecanismos simbólicos a fim de alcançar êxito nas criações, seja para o aumento de vendas de uma marca, aumentar o prestígio de algum político ou pessoa pública, ou aumentar o índice de audiência de algum veículo de comunicação, entre outras finalidades.

O autor lembra que talvez essa sofisticação somente tenha acontecido devido à contribuição de diferentes pensadores durante o percurso genealógico dos discursos. Traz à baila a experiência dos filósofos Aristóteles[90] e Platão[91] adquirida na *polis* ateniense durante os inúmeros debates que demonstram com fatos o poder do discurso, tanto nas mudanças de atitude, como na capacidade de influenciar em decisões, o verbo se mostra uma valiosa ferramenta para o controle das práticas coletivas: a assembleia democrática substitui os ritos, fazendo com que os discursos políticos passem a ocupar o lugar dos mitos durante os confrontos simbólicos pelo poder. Platão destacou em seus discursos a função dos imaginários sociais, recorrendo ao mito que, mesmo aparentemente ilusório, assegurava uma hierarquia definida, propagadora de uma acomodação social nos

---

[90] Discípulo de Platão, um dos principais filósofos da história tendo influenciado a filosofia ocidental (JAPIASSU, 1996).
[91] Filosofo Grego, discípulo de Sócrates, que distingue dois mundos, o das idéias e o das experiências. Foi fundador da academia em Atenas, considerada a primeira instituição de ensino superior do ocidente. Junto com seu mestre e seu discípulo Aristóteles, Platão constrói os pilares da filosofia natural, da ciência e da filosofia ocidental (JAPIASSÙ, 1996).

grupos. Ao mesmo tempo, Aristóteles rebusca as técnicas de argumentação e consequentemente de persuasão através do poder da retórica que vinculava valores, atuando na imaginação, a grande formadora de opiniões e atitudes.

O filósofo também destaca Maquiavel[92], em sua célebre frase: "governar é fazer crer", que suscita as relações amiúde entre o poder e o imaginário, apontando uma teoria das aparências, correspondente a outros aparelhos de dominação simbólica que circundam o poder, dando legitimidade às ações dominantes. As aparências consolidam as esperanças no povo, na figura do Príncipe, permitindo a reunião de forças que intimidem os inimigos e os recalcitrantes. O Príncipe, já possuidor de sinais de prestígio e nobreza, aperfeiçoa seu domínio, ao manipular com habilidade as ilusões, os sonhos, as festas, os símbolos, desviando para seus interesses até mesmo as crenças religiosas, que além de potencializar ainda mais o poder real, tornam-se argumentos quase imbatíveis para a manutenção do controle social.

No final do século XVIII, com a dessacralização das antigas legitimidades, houve a necessidade de refletir acerca de novos mecanismos de persuasão e convencimento dos objetos substitutos que deveriam agora ocupar o pensamento e a imaginação do povo. Essa manipulação instrumental dos imaginários sociais se nutre a partir das críticas ao clero com seus códigos de pertencimento, como: cerimônias, signos e dogmas; e à realeza com seu universo simbólico circundante, imponente e majestoso. Os manipuladores dessas técnicas mantinham-se a partir das teorias que entendem os imaginários sociais como um estratagema fabricado de forma arbitrária, sem limites para sua utilização. Vem daí a ideia da utilização do imaginário a serviço de uma manipulação racional, um *contra-imaginário* - capaz de enfrentar o despotismo tanto da nobreza quanto da

---

[92] Nicolau Maquiavel, homem solitário, historiador e poeta. Considerado como fundador do pensamento político moderno, descrevendo o estado de forma real, não o idealizado. Sua principal obra, *O Príncipe*, é referência para quem estuda o poder e seus mecanismos (JAPIASSU, 1996).

igreja e se tornar uma eficaz arma **educacional**[93] para ressignificar, principalmente, os valores arbitrários que historicamente essas duas instituições inculcaram durante muito tempo na cabeça do povo.

Russeau[94] reflete acerca de uma teoria de emprego dessa linguagem simbólica e de como ela teria alcance significativo sobre a imaginação, e em consequência sobre as tomadas de atitudes no grupo. Essa teoria, utilizada no âmbito da educação pública, tinha como princípios basilares os ritos e as festas cívicas, que se propunham a introjetar no cerne social um imaginário político capaz de ressaltar e legitimar o poder em vigor, formando o cidadão "virtuoso", almejado pelos governantes. Já na primeira metade do século XIX as ideias e proposições sobre a imaginação em geral e suas atribuições, emergem com força nos debates dos fatos revolucionários e das lutas de classe. Os mitos produzidos e as ideologias que marcaram essa época estabelecem um repensar sobre a temática dos imaginários sociais, encaminhando para o campo das dúvidas e reflexões. Durante os conflitos políticos e sociais que marcaram esse período assinalava-se uma enorme intervenção dos modelos ideológicos modernos, o liberalismo, a democracia e o socialismo. Até mesmo o sentido contemporâneo de ideologia só foi concebido na década de 1850. As discussões ideológicas incidem sobre a ordem social e destacam as relações íntimas e complexas que unem os imaginários aos anseios e cobranças de grupos sociais antagônicos. As novas utopias sociais são consideradas, por alguns, antecipações do futuro e, por outros, sonhos ameaçadores, capazes de perturbar a ordem social, devido aos seus enormes poderes de sedução, ratificando a eficácia do imaginário social sobre as práticas coletivas.

---

[93] Grifo nosso.
[94] Filósofo suíço, um dos principais nomes do iluminismo, autor em 1750 do *Discurso sobre as ciências*, em 1755 publica o *Discurso sobre a origem da desigualdade*. Dos temas por ele desenvolvidos o mais famoso é que o homem é bom por natureza e a sociedade pautada nas desigualdades lhe corrompe (JAPIASSU, 1996).

O poder criador da imaginação, assim como a autonomia dos signos e símbolos por ele produzidos, é exaltado nos romantismos ao longo da obra de Kant[95]. Nesta perspectiva romântica a criação imaginária apenas encontra campo de atuação na poesia e nas artes, no entanto, para o autor ela preenche com sua função todas as ações sociais coletivas. Baczko completa que nos sistemas de representações de cada período histórico, o real e o imaginário não estão dissociados um do outro, mas sim juntos por meio de um complexo jogo dialético, afinal são nas ilusões que uma época constrói suas representações. Os sistemas filosóficos marcados pela periodicidade tentam associar o imaginário em resumos pressupostos a respeito da história, ao que Michelet[96] destaca a produção do imaginário pelo povo, ao longo dos tempos, definindo essa produção como "*o lugar de expressão das expectativas e aspirações populares latentes, mas também como o lugar de lutas e conflitos entre o povo dominado e as forças que o oprimem*" (BACZKO, 1985).

    Na metade do século XIX começava a se firmar na psicologia, na sociologia e na antropologia as tendências positivistas e cientificistas já citadas anteriormente, que colocavam em segundo plano as subjetividades humanas. Era a rigidez da ciência em oposição à autonomia, à criatividade e imaginário, ao que o pensador do nosso estudo ainda aponta que para essa corrente conceber cientificamente o imaginário significa apreendê-lo como um sintoma do real, fazendo oposição rigorosa ao saber e ao conhecimento. Nessa perspectiva, compete às ciências explorarem as faculdades e dispositivos

---

[95] Immanuel Kant, um dos filósofos que mais teve influência para a filosofia contemporânea. Nascido na Prússia, autor da *Crítica da razão pura*, obra que investiga o emprego e a especulação da razão para a busca do conhecimento. Conhecido pela elaboração do chamado idealismo transcendental, que julga todos os homens serem possuidores de um conhecimento *a priori*, independentemente de suas experiências de vida (JAPIASSU, 1996).
[96] Nascido na França onde foi professor de história, tendo em suas principais obras, *A introdução à história universal*. Talvez o primeiro historiador a se consagrar em estudos sobre a idade média. Conhecido por afirmar que não eram os grandes personagens os principais agentes de mudança, mas sim as massas (BARTHES, 1991).

psicológicos que ocasionam uma deformidade do real proveniente à fabricação de utopias, assim como desvendar os determinismos socioculturais a partir de qual jogo os homens confundem o concreto e o imaginário em seus mitos, superstições, crenças e práticas.

    Nos meados do século XIX a obra de Karl Marx[97] sinaliza uma das épocas mais expressivas dos estudos dos imaginários sociais. A isso, Baczko sintetiza a obra de Marx em dois pontos: a construção de um esquema global de interpretação dos imaginários sociais a partir das análises ideológicas. E os estudos dos acontecimentos reais, que mesmo aplicando aquele esquema o tornam mais matizado e flexível. O esquema global proposto por Marx se expressa no materialismo histórico e sua ideologia "engloba as representações que uma classe social dá de si própria, das suas relações com as suas classes antagonistas e da sua estrutura global da sociedade" (BACZKO, 1985). A partir das representações ideológicas que determinada classe social expressa seus desejos, entende o passado e idealiza o futuro, justificando moral e juridicamente suas metas sociais. Em Marx, as formações sociais e suas representações ideológicas das classes dominantes, expressam sobretudo, a ideologia dominante, vinculadas ao estado, à igreja e ao ensino. O mesmo autor também aponta que a ideologia assume uma função dupla, expressando e traduzindo a situação e os anseios de uma classe.

    Por outro lado, nada disso ocorre se não houver uma deformação e ocultação das verdadeiras afinidades entre as classes e as relações de produção que constituem o objeto principal da luta de classes. Ao colocar seu esquema global para análise dos casos concretos em prática, Marx aprimora seu esquema adquirindo riqueza e flexibilidade, porém as análises feitas evidenciam as ambiguidades

---

[97] Filosofo alemão, fundador da doutrina comunista moderna, sua principal crítica se destinava às sociedades capitalistas e sua relação com a exploração da mão-de-obra do trabalhador, que para ele enriquecia o empregador que se aproveitava de sua alienação, essa alienação para Marx motivava todas as sujeições e alienações sociais. Pai do materialismo histórico, que entendia a predominância da materialidade sobre a ideia, levando em conta sempre o seu processo histórico (JAPIASSU, 1996).

e os entraves da teoria para as representações coletivas. Com isso, Baczko assevera que essa teoria de um lado considera as representações, sobretudo as ideológicas, como componente das práticas coletivas, e, de outro, um estatuto do não real, ou seja, de imagens deformadoras da realidade. Para o autor as análises propostas por Marx em *O capital* e *Dezoito Brumário*, oscilam entre as duas tendências, que tentam demonstrar que as imagens apologéticas e exaltantes são indissociáveis de seus atores sociais e suas práticas, e procuram ser desmistificadoras, identificando seus atores sociais despidos, sem suas máscaras.

Ele reitera, ainda, a importância da obra de Karl Marx para os estudos do imaginário e acrescenta outras duas contribuições pontuais para a área em questão: as obras de Emile Durkheim[98] e de Max Weber[99], embora havendo oposições metodológicas entre os três autores referenciados, existe uma complementaridade de interrogações e hipóteses em suas obras que aproxima seus pensamentos: em Marx são destacadas as origens dos imaginários sociais, em especial as ideologias e seu emprego nos conflitos sociais. Durkheim, por sua vez, sublinha a relação entre as estruturas sociais e os sistemas de representações coletivas, na sua forma de garantir uma coesão social e um possível consenso. Por fim, Weber traz à baila a dificuldade que compete ao imaginário na produção de sentidos que norteiam os atores sociais e suas ações.

---

[98] Filosofo e sociólogo francês, considerado o fundador da sociologia científica, o pai da sociologia moderna, tentou elaborar uma ciência do fato social, combinando a pesquisa empírica com a sociologia. É também visto como um dos grandes teóricos do conceito da coesão social, colocando essa coesão como fruto da solidariedade entre os membros da sociedade, para o autor, um dos sintomas de desenvolvimentos sociológicos (JAPIASSÚ, 1996).

[99] Filosofo e sociólogo alemão, considerado como um dos principais responsáveis pela formação do pensamento social contemporâneo, sua obra se destaca no estudo sobre o processo de racionalização e desencantamento da sociedade capitalista moderna. Sua principal obra é *A ética protestante e o espírito do capitalismo*, em que o autor discorre sobre a influência das religiões, principalmente o protestantismo nas diferenças entre o desenvolvimento das nações ocidentais e orientais (JAPIASSÚ, 1996).

Para uma sociedade existir e se manter coesa, é necessário que os atores acreditem na ascendência do fato social sobre o fato individual, formando uma "consciência coletiva", ou seja, um sistema de crenças comuns que expressem o sentimento de vida coletiva. Baczko enfatiza que o relacionamento social só é possível graças aos símbolos externos que se sobrepõem aos pensamentos individuais, esse universo simbólico além de ser concebido como realidade vem caracterizar os fatos e as práticas sociais. Para ele, as representações coletivas, além de expressar de alguma forma o estado do grupo social, explicam a sua estrutura e o jeito que esse grupo reage aos conflitos internos e externos. Vejamos a religião e seus deuses, que dão consistência à rede simbólica, atribuindo sentido às representações coletivas, perpetuadoras das crenças indispensáveis à coesão e consenso social. "Qualquer sociedade é capaz de se erigir em deuses ou de criar deuses, isto é, produzir representações carregadas de sagrado".

Os pensamentos de Marx, Durkheim e Weber estabelecem o que Baczko chama de campo clássico das pesquisas sobre os imaginários sociais. Para o autor as diferentes contribuições neste campo de estudo não teriam apenas expandindo-o, mas modificado significativamente, senão vejamos: a psicanálise coloca em destaque que a imaginação não é uma faculdade, nem um domínio psicológico independente, mas sim uma atividade global do indivíduo para uma organização de mundo adequada aos seus anseios e contradições. Já no domínio social, as produções imaginárias, sobretudo os mitos, podem justificar ou responder aos conflitos e tensões que podem ameaçar a sociedade. A antropologia estrutural vem destacar como todo o tipo de cultura pode ser entendida como um conjunto de sistemas simbólicos que tentam exprimir alguns aspectos da realidade factual e da realidade social. Também em suas relações intrínsecas e simbólicas, a antropologia política pôs em relevo as relações entre sentido e poder, assim como, os sistemas simbólicos e os dispositivos de dominação.

A história das mentalidades, no percurso da escola de *Annales*[100], destacou a extensa duração das intervenções da imaginação social ao longo dos tempos e assinala a inércia dos imaginários nos comportamentos econômicos, demográficos etc. Descrevendo a especificidade dos períodos de maior intensidade em que a produção dos imaginários acelera e se intensifica, Baczko complementa que as pesquisas sobre propaganda mostram os mecanismos técnicos e científicos que as sociedades contemporâneas detêm na manipulação e construção dos imaginários sociais. O objetivo desse percurso histórico foi para ressaltar os obstáculos que os estudos do imaginário tiveram que transpor, destacando o caráter pluridisciplinar e a diversidade metodológica, que se imbrica e até mesmo se contrapõe.

O autor não estranha a falta de uma metodologia única para o estudo dos imaginários sociais, já que as pesquisas podem caminhar em vários sentidos e direções. Parece ser mais simplificado encontrar complementaridades que possam ajudar a desvelar as diferentes questões orientadoras, que engrossar as fileiras "coerentes" das hipóteses cartesianas. Os conhecimentos das ciências humanas se encontram em uma espécie de encruzilhada metodológica, ao que o filósofo dá o exemplo dos atuais marxistas, que já caminharam nas leituras weberianas, e dos freudianos que passaram pelo estruturalismo, colocando os ortodoxos no rol da obsolescência, afirmando estarmos vivendo nos tempos das heresias ecléticas.

Os estudos sobre a imaginação caminham na esteira da vida social e das práticas de seus atores, diferente dos percursos tradicionais que se fixam em uma faculdade ou em um poder psicológico autônomo. Os imaginários formam outros pontos de referência dentro do amplo e complexo sistema simbólico das coletividades e a

---

[100] Um movimento historiográfico, fundado por Lucien Febvre e Marc Bloch em 1929, visando ir além da visão positivista da história, acrescentando a cultura como elemento importante para desvelar o fato histórico. Nasce em torno do periódico francês, *Annales d`histoire économique et sociale*, se destacando ao incorporar métodos das ciências sociais à história (LE GOFF, 1978).

partir desses imaginários assinalam sua identidade, organizando uma auto representação, estabelecendo a distribuição de papéis e das hierarquias sociais, impondo as crenças, ajudando a elaborar uma espécie de código de conduta, balizados por formatos como: patrão, bom empregado, general valente etc. Com isso, o filosofo traduz o imaginário social em uma força reguladora, uma peça essencial e efetiva dos mecanismos de controle da vida coletiva, especialmente no emprego do comando e do poder, que se transforma ao mesmo tempo em lugar e objeto dos distúrbios sociais. Os imaginários sociais teriam o papel de legitimar o poder através do controle de seus arbitrários.

As épocas de conflitos e crises de poderes são as que mais se manifestam na construção de imaginários opostos e concorrentes, como também a proliferação intensa de outras legitimidades e novos caminhos. O alcance ao imaginário tornar-se-ia, então, acessível a partir da construção de diferentes discursos capazes de expressar as representações coletivas. Uma das atribuições do imaginário é a organização e controle do tempo coletivo, através do campo simbólico: o símbolo pode ser um elemento carreador entre o discurso e o signo, e seu papel não se limita em classificar, mas sim em introjetar valores, que possam forjar comportamentos apontando caminhos e possibilidades. Essa inculcação se dá através do poder de sedução dos imaginários sociais, que além de serem complexos, são compostos pelos símbolos que os ajustam, assim como os mitos, as religiões, as utopias e as ideologias, que podem se imbricar potencializando o alcance dos imaginários às mentalidades coletivas.

Deixa o Berimbau Falar, Deixa o Berimbau Dizer

O discurso dos mestres e professores de capoeira

No percurso deste livro procuramos revisitar o universo da capoeira e suas relações com a malandragem, recorrendo tanto a uma perspectiva histórica quanto a aspectos simbólicos que, ao longo dos tempos, ajudaram a construir o imaginário social dos capoeiristas, nosso grupo focal. A fim de desvelar esse imaginário e suas tramas simbólicas, nos propusemos a apreender os sentidos de malandragem circulantes, presentes nos discursos de mestres da chamada velha guarda e professores de capoeira radicados no estado do Rio de Janeiro, representantes de diferentes escolas de capoeira todas com alguma influência da capoeira regional.

A trajetória da capoeira perpassa momentos perigosos de crimes e conflitos, assim como outros de ludicidade, nos festejos, nos jogos e no samba. Na trilha deste universo sinuoso permeado de ginga e malandragem, utilizamos como recurso teórico-metodológico a análise do discurso na perspectiva de Eni Orlandi, que nos permitiu identificar algumas marcas discursivas, indícios dos processos de significação inscritos nos discursos. Ao seguir essas pistas, buscamos compreender e explicitar os sentidos produzidos pelos capoeiristas em sua relação com a exterioridade e com as condições em que estes são produzidos. Reveladoras das crenças, ideologias, desejos, fantasias, traços dos imaginários sociais dos capoeiristas.

Convidamos os sujeitos a se transportarem, a falar de suas percepções ao ouvir o som do berimbau, atabaque, do pandeiro e dos cânticos. Essa questão nos apontou que o berimbau aparece imperante, como catalisador de uma energia responsável por arrebatar os capoeiristas para a roda.

4.1 O Berimbau

À guisa de conhecimento para o leitor menos familiarizado com o ritual da capoeira procederemos a uma breve apresentação do instrumento que emergiu com um destacado poder simbólico na fala dos sujeitos. O berimbau é um instrumento monocórdio oriundo da África, onde é chamado de urucungo, utilizado em rituais festivos afro-brasileiros. Em Cuba é conhecido como burumbumba e segundo Rego (1968) é possuidor de poderes mágicos, utilizado em cerimônias religiosas servindo de elo entre o mundo dos vivos e o mundo dos mortos. Shaffer (1977) categoriza o berimbau como da família dos arcos musicais, classificados por Sachs (1940) mais comumente como harpas. A harpa simboliza a ligação entre a terra e o céu, uma condução para outro universo. Durante a existência terrena ela representa as tensões entre os instintos materiais e as aspirações espirituais figuradas pelas vibrações de suas cordas.

O berimbau é um arco musical que possui uma cabaça, responsável pela ressonância do instrumento. A cabaça aparece em diversas culturas como aglutinadora dos elementos responsáveis pela criação do mundo, às vezes simbolizando o ovo do universo. Na mitologia Nagô, as cabaças guardavam as sementes da criação da terra e seus habitantes, assim como os apetrechos mágicos do *Orixá Exu*. Existem três tipos de berimbau: o primeiro, com o som mais grave, é conhecido como *Gunga* ou *berra-boi;* o segundo um pouco mais agudo, conhecido como *médio;* e o terceiro bem agudo conhecido como *viola* ou *violinha*. Encontra-se formação semelhante em outras manifestações afro-brasileiras como o *candomblé* e o *jongo*[101], ambos possuidores de três atabaques, cada um com função distinta. No caso do candomblé: *Rum, Rumpi* e *Lê*, e no jongo *Tambu, Candongueiro* e *Angoma-puita*. Não se sabe ao certo quando o berimbau veio a se unir ao ritual da capoeira, mas sabe-se que o instrumento era usado pelos negros de ganho[102] a fim de chamar a atenção dos transeuntes para seus produtos.

Soares (1994) e Pires (2010) defendem a tese de que a sobrevivência da capoeira baiana em muito se deveu à presença do berimbau. Sua musicalidade conferiu maior atratividade à capoeira, que passou a figurar nas festas de largo em Salvador, vindo a compor o folclore baiano junto às danças de Orixás e outras manifestações culturais. Para eles, a capoeira carioca, além de sofrer perseguição implacável das autoridades policiais, não teve a adesão do berimbau, que agregaria outros sentidos para além da capoeira luta. Na fala dos mestres entrevistados encontramos ecos dessa memória.

> Hoje é fácil ouvir esses barulhos, eu me lembro que há algum tempo atrás você quase não ouvia o pandeiro, berimbau, atabaque (...)

> (...) eles têm que pensar que hoje em dia está fácil jogar capoeira, você tem que respeitar essa arte. Como se respeita essa arte? Com disciplina, com educação, mas também na hora de reverência ali, tem que pensar como foi o início, como os negros sofreram (...)

> No início da capoeiragem ela teve um início nobre, depois teve origem escrava, depois a malandragem tomou isso, tanto que foi reprimida. (...) Foi pela repressão a malandragem, aos navalhistas, e uma séries de coisas

---

[101] Manifestação cultural ligada à religiosidade afro-brasileira ancestral do samba, ligada a linha das almas (CASCUDO, 2001).
[102] Negros forros ou escravos vendedores de diversos artigos nas ruas do Rio de Janeiro na época do Império (SOARES, 1994).

> (...). Antes era muito difícil pra jogar capoeira aqui, que a polícia não deixava, antes de 73, que a capoeira estava no código penal, não podia andar, correr, fazer exercícios de agilidade em praça pública, antigamente era proibido.

Vimos em nosso percurso teórico que a capoeiragem carioca parece encontrar seus últimos vestígios em Sinhozinho e sua capoeira luta, sem o uso do berimbau, que pode ter entrado na cena da capoeira carioca com os mestres baianos: Artur Emídio, Paraná e Mario da Bonfim, todos radicados entre os bairros de Bonsucesso e Higienópolis, indicando uma possibilidade de fatores culturais, locais, facilitadores para essa confluência. A fala dos sujeitos da pesquisa reforça essa narrativa na medida em que esses mesmos mestres tiveram contato direto com esses precursores, ouçamos:

> Olha, quando eu comecei a capoeira, existiam três grupos de capoeira, o grupo são bento pequeno, do saudoso mestre Paraná, o meu mestre, Mario dos santos, que era Mario busca pé da Bonfim e o grupo de capoeira do Arthur Emídio (...)

> (...) Aqui no Rio de Janeiro existia um Mestre que tocava berimbau que era o Mestre Paraná e ensinou a muita gente, muitos Mestres a tocar berimbau, não sei se você é conhecedor disso, ele era o chefe do ritmo da academia do Artur, tocava com o Mario dos Santos na academia Bonfim, mas tem Mestre que não pega no berimbau, Mestre tem que ser completo (...)

> Eu tive a sorte de conviver com esses capoeiristas, que moravam tudo lá naquela área da Leopoldina (...)

O berimbau aparece como elemento primordial no ritual da capoeira, mobilizador dos sujeitos, continuamente reafirmado como um importante capital simbólico[103], por conseguinte, fonte de demérito para quem não detém a ciência do seu correto manejo. Ansart (1978) aponta o quanto o desconhecimento dos mecanismos simbólicos denota em desprestígio no grupo e uma ocupação inferior no ritual. Nesta perspectiva, o antropólogo Claude Lévi-Strauss (1989) reforça a valorização simbólica destinada aos detentores dos conhecimentos ritualísticos, pois além de ocupar um lugar de destaque no rito, eles são indispensáveis na medida em que a sua falta ameaça a vitalidade do grupo. Vejamos na capoeira como este capital é legitimado:

> Não se deve dar o berimbau para qualquer um, o berimbau maior que é o Berra-boi, que hoje o pessoal chama de Gunga, não dar na mão de alunos, porque ele é o berimbau da orquestra que mantém a cadência do jogo, é ele que puxa o toque.

O berimbau Gunga na roda de capoeira, além de funcionar como balizador do ritmo aplicado ao jogo, serve como um símbolo de poder, pois em posse dele o mestre comanda a roda, escolhendo os participantes e o ritmo para a contenda. O Gunga é tão importante para o ritual da roda, que apenas mestres ou capoeiristas antigos, detentores dos fundamentos devem manuseá-lo, porque, segundo os praticantes é no berimbau Gunga que está o segredo do axé na roda de capoeira. A interdição para a entrega do Gunga na mão de alunos denota uma hierarquia dentro do grupo, cabendo aos mestres e conhecedores do ritual, a posse desse instrumento. A expressão "qualquer um", nos ajuda a compreender o desvalor reservado para quem desconhece os fundamentos, não basta ser mestre, tem que deter os códigos, doar-se ao rito por inteiro, entregar-se.

---

[103] Na concepção de Pierre Bordieu (2004), o capital simbólico pode ser entendido como aquilo que é reconhecido e legitimado pelo grupo como valor, atribuindo distinção, prestígio e visibilidade ao seu portador perante o grupo.

> O mestre de capoeira para mim, ele tem que ser completo, ele tem que tocar atabaque, berimbau, pandeiro e jogar bem.

> O capoeirista ideal é aquele que joga qualquer ritmo, tocar, cantar, que pudesse fazer muitas coisas (...)

> Um bom mestre seria... se no caso fosse um mestre, seria um bom jogador, bom educador, um tocador, um bom cantador, soubesse falar sobre a capoeira, enfim que ele fosse bom em todas essas vertentes.

> Um cara que contribua com o todo e que participe de todo ritual de um modo completo, não precisa ser bom em uma só coisa, mas poderia ser bom em muitas outras coisas, esse é o modo ideal ser participativo de um modo geral na roda de capoeira.

Não basta deter um tipo de conhecimento na capoeira, é preciso desenvolver diversos aspectos que superam os limites físicos do jogo. Esse aprendizado exige grande dedicação devido à capoeira possuir múltiplos aspectos, dentre eles, marcial, lúdico, musical.

> Como a capoeira é muito rica, fica difícil você ser bom em tudo (...).

A dedicação ao ritual parece abrir portas para uma entrega, uma devoção. Vejamos algumas passagens que reforçam essa ideia.

> (...) Primeiro amar a capoeira abaixo de Deus, amar mesmo não é gostar, amar (...)

> Amo a capoeira porque dela eu fiz o meu ideal e até hoje eu falo, ela é o meu ideal. E eu acho que eu vou morrer capoeirista, então esses mestres que se foram há pouco tempo, acho que todos tinham a mesma ideia que eu tenho, os românticos da capoeira (...)

Eu já falei pra você que eu não vivo de capoeira, eu vivo para capoeira, eu gosto da capoeira, a capoeira vem a ser uma parte enorme da minha vida, comecei na capoeira em 1956, eu estou com 61, veja quantos anos tem, o que ela representa pra mim. (...)

A primeira coisa é aquela vontade de ver da onde vem...e quem não sente essa vontade não é capoeirista.

Capoeira pra mim é a vida é uma filosofia de vida (...)

(...) A capoeira é a minha filosofia de vida (...) eu não abandono ela pra nada (...)

(...) O coração acelera, eu tenho que ir lá ver o que é? O que não é? Quem é? Eu acho que um capoeirista que não se arrepia ao escutar o som do pandeiro, das palmas do canto, não tem alma (...)

Para Lévi-Strauss o rito é capaz de alimentar o sentimento vital, a alma do praticante. Os cânticos, os ritmos, os mitos invocados, possuem o papel de harmonizar os sujeitos dando sentidos as suas práticas, assim como coesão ao grupo. No mesmo sentido, Ansart nos mostra como o conhecimento mítico distingue os sujeitos, cabendo aos detentores desses conhecimentos transmiti-los aos demais membros. Na esteira dos autores citados, vale refletirmos acerca da capoeira e seus saberes, conhecidos também como fundamentos, em que cabem aos mais antigos, os mestres, passarem esses ensinamentos aos mais novos, a fim de manter a harmonia do ritual e o sentido de pertencimento ao grupo. Durante a roda é comum os mestres perpetuarem esses fundamentos através dos toques, dos cantos, do corpo, das metáforas, enfim, do rito. Um convite a essa experiência são as falas dos mestres:

> Existe o ritual, você chama o indivíduo para o pé do berimbau e faz ele sentir no corpo e na alma, aquilo que está tocando e cantando.
>
> É a experiência que ele aprende com os mestres mais velhos, e dali ele aprende aquilo ali como tônico (...)
>
> Você ouve os mais velhos cantar, o mestre fala meu filho, vosmecê espere um pouco, e já começa a aprender (...)
>
> O ritual, aquele que acontece, aquilo que você sente, acontece mesmo no jogo da capoeira, entendeu? (...)
>
> (...) O ritual, a magia, aquela coisa maravilhosa que é a capoeira.

A fala aponta para expressões que parecem vitalizar os sentimentos dos capoeiristas, que, como numa possessão, são tomados pelo ritual da capoeira, desviando-se do aspecto racional para seguir a "magia" do berimbau. Uma espécie de transe que nasce com o ritmo, os toques, os cânticos, os gestos, os símbolos, confluindo em uma espécie de onda que invade os sujeitos, deslocando-os para outra realidade, a realidade da roda, do rito.

4.2 O ritual

Lévi-Strauss nos apresenta o universo mágico dentro dos rituais xamanísticos, bastante significativo para os sujeitos integrados no rito. O autor discorre sobre as práticas ritualísticas e seus elementos, como cânticos e demais apetrechos, que investidos de poder simbólico, são eficazes dentro do ritual. Neste sentido, torna-se inequívoca uma alusão ao berimbau como elemento simbólico capaz de reunir esse poder aglutinador dentro do rito da capoeira, e assim travar um tecido denso com os capoeiristas.

> O toque do berimbau, ele tem uma energia positiva e ele pode te atrair...

> A gente se atrai, assim que o berimbau lhe atrai e fica perto parece que ele está lá embaixo e de repente está ao seu lado (...)

> O capoeirista que é capoeira mesmo, quando escuta vai lá, chega perto, fica com vontade de se envolver de participar, fica com vontade de participar (...)

> (...) Rapaz... é uma euforia, que parece que sai um gol do seu time, você não sabe se você pula ou se você fica quieto, pra você não dar uma de maluco no meio da rua (...) você é envolvido pela capoeira.

> É coisa que está no sangue, é como se fosse um chamado, escutei o berimbau chamar eu vou atrás, faz parte íntima da minha vida.

> (...) É difícil de explicar o porquê.... é como a comida, é necessário como a comida, como a água, como a companhia dos meus amigos, a capoeira me faz viver pra vida.

Podemos conceber essa musicalidade como um passaporte para outro lugar, pois além do berimbau como elo, encontramos na simbologia do tambor também um significado de transporte do mundo do visível para o mundo do invisível. Destarte, o ritmo comandado pelo berimbau e marcado pelo atabaque pode realizar a mediação entre o *Orun* (céu) e o *Aiê* (terra), um portal que conduz o capoeirista ao sagrado, à *Aruanda*, o paraíso na cultura *Nagô*.

As falas remetem a um arrebatamento do capoeirista, que ao ouvir o toque do berimbau não hesita em seguir a melodia. Ela aparece como um fio condutor que liga o capoeirista à roda, tornando irresistível o seu "chamado", sendo atraído, da mesma forma como eram os marinheiros ao ouvir o canto da sereia. O magnetismo que o berimbau exerce sobre os capoeiristas da pesquisa nos remete a um arroubo emocional incontrolável, uma adesão voluntariosa capitaneada através de seu som dolente. Podemos utilizar também como metáfora o conto dos irmãos Grimm (2002) "O Flautista de Hamelin[104]", que através de sua flauta hipnotizava quem ouvisse a melodia entoada. Senão vejamos o que os capoeiristas nos dizem:

(...) já aconteceu comigo, eu estava num ônibus e vi uma roda de capoeira eu desci do ônibus e fui jogar capoeira (...)

Ouvi o berimbau tocar, não pude me controlar, olha, eu corri logo para ir lá pra ver (...)

Uma coisa que pode me desviar de qualquer outra coisa é o som do berimbau (...)

Primeiramente eu me imagino dentro da roda, é difícil o capoeirista passar e ouvir o som do berimbau e não parar.

Eu sinto a vibração, sinto à vontade de chegar perto, e se não der vontade de jogar também, vontade de participar do ritual (...)

Na fala dos sujeitos, o ritual da capoeira não aparece reduzido à prática do jogo, transcende-o em muito. O ritual começa muitas vezes bem antes da roda, até mesmo na confecção do berimbau, *"você pra cortar uma verga na mata você sabe que tem que pedir licença, você tem que saber o que precisa pra cortar a madeira na*

---

[104] Conto dos irmãos Grimm, que tem como enredo uma cidade infestada por ratos, salva por um flautista que atrai os roedores para fora da cidade com o doce som de seu instrumento. Ao requisitar sua recompensa o flautista é destratado, quase expulso do vilarejo. Como vingança, ele usa a flauta para atrair as crianças de Hamelin para bem longe, transformando o lugar em uma aldeia de velhos sem a perspectiva de renovação, sentenciando o fim da cidade (GRIMM, 2002).

mata, cortar, quebrar, essa coisa bonita que é a natureza". Existe uma preparação que vai da confecção e afinação dos instrumentos à sacralização do local, conforme ensina Mestre João Grande[105] no documentário Mandinga em Manhattan (2006). Tocar berimbau ou qualquer outro instrumento, bater palmas, entoar os cânticos, sentir o *axé*, são elementos vitais para a manutenção do rito. É certo que cada estilo de capoeira possui seus próprios fundamentos, assim como cada mestre direciona o ritual de sua roda, mas parecem existir premissas básicas, comuns aos capoeiristas entrevistados, como o canto, os instrumentos, os gestos e a roda.

> Então, é... cada um pode fazer um tipo de roda, mas o ritual tem que permanecer, e o que seria? Respeitar os colegas, ir ao pé do berimbau, antes de sair do jogo, cumprimentar o colega, obedecer ao ritmo que está tocando, se tá tocando angola eu não posso ficar agarrando o colega. Se for o toque de iúna... se for iúna eu tenho que estar preparado pra aquele tipo de jogo, se tiver tocando São Bento Grande de Angola, pode permitir que o cara faça acrobacias.
>
> Para respeitar o ritual ele tem que saber jogar, fazer o jogo duro, e as acrobacias dele, dentro do jogo duro, ele vai ter que fazer isso, ou então ele vai ter que ficar brigando, chutando um ao outro, e já sai completamente, porque a hora de luta é outra coisa.
>
> (...) Permissão ao mestre na hora de entrar, não sair da roda, sem vir ao pé do berimbau (...).

O sociólogo Roger Bastide (2001) apresenta um estudo sobre o Candomblé na Bahia, que entre tantas análises, assevera a impor-

---

[105] Mestre de capoeira angola, discípulo de mestre Pastinha, foi agraciado com o título de doutor *honoris causa* pela universidade de Upsala em New Jersey em 2003, hoje responsável pela Capoeira angola of master João Grande com filiais em diversos países (www.joaogrande.org/mestre.htm, acesso em 30/10/2011).

tância de uma confluência de forças, a fim de propiciar um ambiente favorável para a realização do ritual, as palmas, os cantos e o toque do atabaque são elementos capitais durante as cerimônias observadas pelo autor. Neste sentido, Mestres e professores de capoeira facultam em suas falas outras possibilidades de inserção na roda, para além do jogo propriamente dito.

> (...) essa vontade é contagiante, fica curioso se saber quem é, e depois fica com vontade de ir lá participar, eu particularmente gosto muito de tocar berimbau, e essa é a minha maior forma de participação na roda de capoeira, pra contribuir com a roda mesmo.

> (...) vou lá ver, pra saber se for possível, pra eu poder participar, hoje em dia com a minha idade eu não vou poder ajudar, mas ajudo nas palmas e no ritmo ou assistindo que é um modo de participar.

> (...) mas tem como ir pra bater palma, cantar, conversar com os mestres, os alunos, os professores também, conhecer pessoas novas, às vezes (...) pedir pra ficar perto e tocar também (...) você está ali, o axé está bom, aí você toca um berimbau, aí toca e canta.

Dentro do ritual da capoeira existem alguns mecanismos que franqueiam a participação na roda, porém o ritmo parece ser peça fundamental para o bom andamento da cerimônia. Essa musicalidade protagonizada pelo berimbau além de conduzir o capoeirista ao rito é responsável pela harmonia física e espiritual dos capoeiristas. Continuemos nas narrativas:

> (...) essa coisa do berimbau leva a gente a imaginar... Viajar (...) O que me colocou na capoeira foi escutar o berimbau lá no fundo do quintal do Mestre Paraná, e eu fui até lá e não parei mais.

> Então a música ela nos leva a acreditar que a terra vibra, que na terra há uma movimentação, a música é a língua dos Deuses, e a música da capoeira ela te chama, ela te dá uma emanação tão grande no seu corpo e que você consegue conciliar o seu corpo com a alma (...)

Para Muniz Sodré (1998) o rito e seu contexto mítico são marcados por forças e poderes contrastantes, uma atmosfera emocional impregnada de tensão, alegria, tristeza, angústia, excitação, entre outros sentimentos experimentados e revisitados durante os ritos. O filósofo Ernest Cassirer (1972) empreende uma leitura do mito mostrando sua abrangência e relevância no mundo contemporâneo: "*o verdadeiro substrato do mito não é de pensamento, mas de sentimento (...) sua coerência depende muito mais de unidades de sentimentos que de regras lógicas*". Notemos esses traços em nossos atores sociais:

> Eu sinto que já me perdi ali... já me desviou do meu caminho (...)

> (...) Rapaz, o coração acelera, eu tenho que ir lá ver o que é? Quem é?

> A música da capoeira ela te chama, ela te dá uma emanação tão grande no seu corpo (...)

> (...) Meu batimento cardíaco vai acima do limite quando escuto uma roda de capoeira, se tiver os instrumentos tocando, berimbau, atabaque, pandeiro, o meu batimento vai além do limite (...)

> Eu acho que a gente sente o que todas as pessoas sentem, vem uma coisa que é quase indescritível, acho que é a paixão, a capoeira eu acho, ela tem essa força, então a gente tem que parar pra olhar, cantar e participar (...)

É na roda de capoeira, com todos elementos simbólicos que a constituem como rito, que esses sentimentos afloram, tornando vívidas as pulsões emocionais que arrebatam os sujeitos, provocando uma eficaz adesão. Experimentados em cada ritual, significando de uma maneira profunda os sentimentos de pertencimento dentro do grupo. Com Sodré podemos perceber como os ritmos africanos podem transmitir uma experiência mítica, para o sujeito, que se vê envolto emocionalmente, essa adesão é sinal de um processo vivo de aprendizagem, que retêm e significa os sujeitos.

> (...) quando se ouve o berimbau na primeira vez ele não sai do nosso corpo, então se eu ver uma roda é impossível eu não parar na roda, por mais que tenha pessoas que você não goste, é impossível.
>
> É a energia que eu recebo, é contagiante essa coisa (...)
>
> Se tem muito daquela coisa da energia (...)
>
> (...) vai lá, chega perto, fica com vontade de se envolver de participar...
>
> Depois que você é envolvido pela capoeira, você quer contribuir com toda roda de capoeira que você vê, acho que você quer ir lá ver, quer contribuir, quer pôr a sua energia...,é um ritual de troca (...).

Revisitando Lévi-Strauss, podemos entender o rito também como uma fonte recíproca de energia, pois o sujeito contribui para sua manutenção, recebendo em troca a vitalidade. O rito é um retorno às origens míticas, que possibilita readquirir forças presentes nas raízes, nos momentos emblemáticos, de criação e superação. Muitas cantigas de capoeira remetem ao tempo da escravidão, com todos os percalços e superações que marcaram o povo africano no Brasil. Na fala dos sujeitos essa memória discursiva emerge:

"quando eu chego na roda eu ... estou ali, me sinto um escravo, quando vou jogar". Esse tempo imemorial, assim como as histórias dos grandes mestres são revisitados nas cantigas, contos e *causos* presentes no imaginário da capoeira. Mircea Eliade (1996) enfatiza, ainda, a recuperação ou repetição imaginária desse tempo mítico durante as cerimônias ritualísticas. Já para Roger Caillois (1938) as alusões a esse tempo sagrado desempenham um papel importante, exaltando e codificando a crença, por conseguinte, sugerindo os princípios que irão garantir a eficácia do rito. Tais práticas oferecem um modelo exemplar que, entre outras coisas, sacraliza o homem. Logo, as cantigas e os *causos* cumprem o papel de revisitar mitos como Mestre Bimba, Mestre Pastinha e Besouro Mangangá, revivendo as suas ações heroicas, assim como as expiações que os levaram a ocupar um lugar sagrado no imaginário social da capoeira, provocando a adesão emocional dos seus praticantes.

Ainda segundo Caillois, as narrativas populares são importantes para a manutenção dos mitos, afinal não há rito sem mito, "separado do rito o mito perde sua razão de ser". Rito e mito são indissociáveis, pois as figuras míticas são exaltadas e alimentadas pelo ritual, atribuindo ao mesmo uma lógica simbólica, distinta ao pensamento racional. Neste sentido vale voltarmos a Pierre Ansart que avalia a completude entre mito e rito assegurando as práticas sociais e os sentidos nos grupos. O êxtase inicial do primeiro contato com a capoeira parece ser revivido a cada vez que o capoeirista entra na roda, estabelecendo relações com seu batizado, seu começo e origem na caminhada. Michell Maffesoli (2005), sociólogo francês e um dos maiores estudiosos do imaginário social da atualidade, diria que esse êxtase faz parte do jogo da eterna criação, que garante, além da adesão, a continuidade da pulsão de vida no grupo, a energia vital. Vejamos como o discurso nos convida a esse sentimento:

> A adrenalina sobe, a gente fica naquele negócio... Parece o começo, o nosso começo da vida na capoeira. É a primeira vez que vou jogar numa roda? Não, não é a primeira vez!

> Mas a gente sente aquela coisa subir o suor mesmo, o suor do corpo e sente aquela coisa... A novidade. O novo entendeu?

> (...) o sangue ferve primeiro e o coração sempre bate mais forte, independente do estilo e de qual grupo, sempre me chama muito atenção e sempre vou lá pra dar uma olhadinha.

> Pô... o corpo se arrepia cara, o coração aperta quando toca o berimbau, vou para jogar capoeira se o mestre deixar, pô não tem como passar num lugar e ouvir o som do berimbau e não chegar perto.

Analisando as expectativas, bem como toda incerteza presente no jogo da capoeira e retratada nos discursos, somos levados à categoria da *ilinx*, desenvolvida por Caillois (1990) no intento de classificar os jogos. É nela que reside a vertigem, o transe, e o afastamento temporário da realidade. O capoeirista pode vivenciar a *ilinx* não somente nos movimentos acrobáticos e floreios que desafiam a gravidade em saltos mortais, giros em diferentes eixos do corpo e inversões corporais, mas, sobretudo no turbilhão emocional provocado pelo rito. Esse êxtase reflete diretamente no corpo, o mistério, o segredo, a imponderabilidade e a emoção, parecem permear as expectativas dos atores sociais, deixando marcas notórias nos capoeiristas. A roda de capoeira, sob o prisma do ritual, aparece como catalisadora dessas emoções que fazem aflorar nos sujeitos diferentes respostas.

Há uma tensão, uma tênue fronteira entre a lógica racional e as emoções pertencentes ao universo mítico, que subjazem traços desse imaginário. Assim, do mesmo modo que o capoeirista se entrega ao chamado do berimbau, mantém a consciência do risco que pode significar essa sedução, explicitando a tensão entre esta magia e a racionalidade:

> *Tenho medo com o compromisso que tenho, porque o toque do berimbau (...) ele pode te atrair e você pode ficar ali, e começa-se conversar, o assunto torna-se tão gostoso que..., se você for dar conta do seu compromisso, você tende a perder o seu compromisso (...)*
>
> *Bom, eu sinto emoção, tenho vontade de jogar, vontade de estar lá, às vezes está indo para algum compromisso, não pode sair da roda... o compromisso (...)*

Nessa relação com as emoções, nossos atores se veem ameaçados em não conseguirem escapar do ritual, talvez receosos em se perderem do caminho de volta, do fio imaginário entre o mundo mítico, pautado no *axé*, no lúdico, no gozo, e o mundo "real", reinado por *Cronus*, senhor do tempo, da coerência e da obrigação. Essa lógica nos remete às regras contratuais, obrigatórias, presentes nos empregos formais que afugentaram os ex-escravos e descendentes do mercado de trabalho protocolar. O compromisso emerge nas formações discursivas como o outro da rua, do festejo, do gozo, do rito. Recorrendo à perspectiva apontada por DaMatta (1997), pode ser a tensão entre o lúdico da rua e a segurança da casa, que simboliza o controle, o governo das relações sociais. Já o *lócus* do capoeirista historicamente tem sido a rua, palco de aventuras e incertezas, assim como das surpresas imponderáveis do risco, do perigo.

A construção imaginária do compromisso pode nos enviar à casa, local de segurança, de proteção maternal, de abrigo; porém também de claustro, clausura e castigo. Em nosso percurso, vimos como o malandro se afasta desse pacto com a formalidade, com o protocolo, também associado à obrigação de levar o pão de cada dia para o lar, voltar ao cotidiano, ao acordo assumido diante da família, esposa, filhos... Neste sentido o compromisso também pode indicar uma disciplina a ser tomada como um valor imprescindível para o corpo produtivo, utilitário, sobretudo, para o mercado formal. Nessa relação, o tempo cronológico é destinado às coisas "sérias", "produtivas", que de acordo com Walter Benjamim (1996) cada vez mais ocupam um lugar de destaque na sociedade. O intenso ritmo de desenvolvimento produtivo provocado pela revolução industrial, e notório nos dias atuais, contrasta com a lógica do rito, do gozo, da festa. Com o autor, podemos refletir sobre o descompasso entre o tempo imposto pelas relações sociais capitalistas e o tempo dedicado aos bens culturais. A tendência do primeiro é o da produtividade, da eficácia, da necessidade imediata, enquanto para o segundo está em jogo o lúdico, a irreverência, a contemplação. Vejamos esses valores tensionados:

> Olha a capoeira me deu tudo, acredito que ...sem a capoeira eu não teria sido a pessoa que sou hoje, eu trabalhava no escritório, trancado ... e tinha um bom salário, tinha uma boa vida, uma boa esposa uma boa mulher ...mas quando me deram oportunidade de dar aula de capoeira eu larguei tudo, abandonei, fui pra fora, viajei e estou muito satisfeito.

O sujeito se lança por inteiro na aventura de viver a capoeira, norteado pelo pulso da vida e não pelo relógio de pulso, seguindo os impulsos do lúdico, do prazer, dos anseios, enfim das emoções circulantes no ritual da capoeira. No entendimento de Muniz Sodré (1998), os ritos de matrizes africanas são responsáveis pela conexão do sujeito ao mundo invisível, sagrado, acarretando também uma inteligibilidade da vida, capaz de remeter quem escuta, ao sentimento, à emoção, ao divino. Os ritmos africanos são carreadores para um tempo ancestral, um tempo que singulariza o grupo em torno de práticas e saberes coletivos, como mitos de origem, códigos de pertencimento e símbolos sagrados, que além de atribuir sentidos, são responsáveis pela coesão e pertencimento coletivo, conforme viemos discutindo ao longo da pesquisa.

4.3. Axé, Mandinga e Dendê

Na roda de capoeira não é raro imperar o tempo do *axé* que para a cultura *Nagô* significa a força invisível, a força mágico-sagrada, de toda divindade, de todo ser animado, da vida, de todas as coisas. Sodré (1998) nos diz que o som negro possui uma energia capaz não só de transmitir força e poder, mas também de possibilitar o dinamismo da existência, traduzido na concepção do *axé*, que significa na cultura *Nagô* justamente essa energia dinâmica, a energia da pulsão da vida. O filósofo Enrst Cassirer (1972) entende que as experiências míticas decorrentes do rito apontam para o princípio vital, que traduz dinamismo, ação, pulsão. *Axé*, energia, vibração são paráfrases que traduzem os principais sentimentos arrebatadores dos capoeiristas, provocando uma adesão emocional e imediata ao rito: "uma energia boa né ...dá vontade logo de entrar na roda de jogar, é uma coisa que é do sangue, desde moleque eu gosto disso". Para os capoeiristas, este axé aparece como o sentido de energia positiva, que anima e contagia o jogo de capoeira, prolongando-o até que esta energia se esgote. Vejamos o *axé* em nossos entrevistados.

> É o axé, é a energia, você pode estar machucado da coluna, e você vê o pessoal jogando, cantando, o pessoal jogando a capoeira pura, ela te atrai de uma tal forma que você entra machucado, você só vai dar uma gingada, mas a sua alma se identificou ali e a gente entra e joga, e depois sai e acaba doendo, e fala poxa eu não podia ter entrado, mas a gente não consegue fugir, o verdadeiro capoeirista ele é dominado, por esse ritmo, por essa energia (...)
>
> Dá vontade, dá aquele axé, aquela energia... a energia te puxa, mas... fazer o que? É isso aí.

Ao ouvir o chamado da roda o capoeirista não é mais dono de si, é dominado pelo ritual, numa espécie de transe, talvez um apelo as suas raízes, aos seus ancestrais. Na perspectiva de Caillois (1988) o rito possui premissas simbólicas que o sacralizam, com o *axé* e a energia apontando para essa ponte com o divino, uma espécie de código que direciona o sujeito ao rito, consagrando o espaço, os integrantes e o próprio ritual, que passa a ser um ponto de confluência entre o sagrado (*Orun*) e o profano (*Aiê*). Essa confluência aparece dinamizadora da roda de capoeira, o tempo da roda pode depender da presença ou falta desse *axé*. Alguns mestres consideram essa sensibilidade de percepção de energia um dos principais fundamentos da capoeira, que poucos possuem. Segundo eles essa energia é capaz de provocar sinais visíveis, afinal, quando a roda está boa, com bons jogos, canto animado, bom ritmo e *mandinga*, ela possui *axé*, mas quando acontece o contrário, a roda pode estar "pesada" e seus reflexos podem ser notórios para os mais experientes, vejamos:

> Capoeira pra mim é muito energia, sei lá você vibra muito com a coisa assim... você sente a vontade, você sabe quando o clima pesa (...)

> (...) A energia é um fator essencial (...). A roda boa é aquela que tem uma boa energia, que tem um astral bom, um bom canto, os berimbaus tocando em sintonia ... eeee... às vezes ... tem roda ruim que tem sintonia, mas o que acontece ... acontece...um sério problema de brigas, confusões, que deixa a roda com a energia ruim, acaba ...

> (...) Que os berimbaus, atabaque e pandeiro saem de sintonia, e quando sai de sintonia isso é uma coisa ruim.

O não cumprimento dos fundamentos do ritual pode ocasionar essa dissonância energética acarretando uma desarmonia na roda. Como já discutimos anteriormente, esses fundamentos são imprescindíveis para a coesão interna do grupo. Para os mestres entrevistados, os jovens não seguem os preceitos da capoeira, trazendo as más vibrações contribuintes para as brigas e confusões na roda.

> *O cara nem se toca, quer dizer ele não foi preparado pra isso, fugiu do ritual, aí não respeita mestre, não respeita graduado, não respeita ninguém, não respeita o grupo, não respeita a capoeira (...) se jogar na música, jogar no ritmo, nos critérios de uma roda de capoeira, no ritual que tinha e que tem que ter na roda de capoeira (...)*

> *Hoje as pessoas que só querem bater, eles não têm espaço mais, então o principal fundamento é respeitar o mestre é respeitar o colega da academia, e aí vai pra casa e respeitar o pai a mãe (...)*

O desrespeito aos códigos simbólicos do rito, além de profanar, rompe com a harmonia da roda de capoeira e com a energia responsável pelo *axé*. São as consequências que Caillois alerta da não observância das interdições aplicadas aos preceitos do rito. Na mesma direção, Eliade nos mostra que a fuga dos preceitos sagrados caminha para a perda do contato transcendental, apontando para um declínio simbólico em direção ao profano, ao *caos* indesejado pelos membros do grupo. O discurso também aponta para um hiato na formação atual dos capoeiristas, que estariam ignorando os fundamentos do ritual, entrando em desacordo com os preceitos transmitidos através dos mestres mais antigos. O descumprimento desses fundamentos pode acabar com a energia positiva da roda, afastando capoeiristas, com maior sensibilidade, do rito. É o risco da desarmonia que Lévi-Strauss alerta ser fatídico, pois quando os códigos simbólicos entram em desacordo, o rito fica comprometido.

> *É uma coisa que me tira logo da capoeira, é a roda mal cantada, não tem aquele axé, eu termino pegando a minha bolsa e indo embora.*

Quando o ritual da roda é cumprido, o "clima", como dizem os capoeiristas, fica mais agradável e o *axé* impera na roda levando a uma sacralização do rito, como aponta Caillois. Esta aura mágica presente na ação ritual da roda suscita os diferentes mitos constitutivos do universo da capoeira, envolvendo o praticante em uma viagem ao divino, um convite ao devaneio. Vejamos essa "magia" enaltecida na roda, tanto por mestres, como por professores:

> A atração da energia, o que acontece... como vou te dizer ... te puxa, é emoção, capoeira você tem que jogar com coração, com sentimento (...)

> (...) Às vezes não dá pra jogar, mas você está ali, o axé está bom, aí você toca um berimbau, aí toca e canta, quer jogar, às vezes você não está adequado pra jogar, e por aí vai, é a energia...aquela música boa, a vontade é de estar mandingando com o pessoal, e capoeira é isso aí.

Em Lévi-Strauss podemos ver que o rito pode se configurar em um mundo mágico, um mundo balizado pelos acontecimentos míticos, simbólicos. Na capoeira, essa mágica pode estar presente não só no *axé*, mas também na *mandinga*, poder sobrenatural que dissimula e disfarça as ações dos capoeiristas, podendo protegê-los espiritualmente dentro e fora das rodas. O nome é derivado dos *mandingas* ou *malinkes*, povo africano famoso pelo seu poder de feitiçaria. Ouçamos alguns sentidos desta mandinga:

> Mandinga pra mim é...vai esquivar e não vai, mais ou menos por aí, como Canjiquinha dizia, eu ia ... Canjiquinha falava isso, eu ia, isso é mandinga. Uns dizem que mandinga tem a ver com sincretismo religioso, que o cara é feito, que o cara é bem-vindo, que o cara tem oração, tudo isso é mandinga. Besouro tinha oração, morreu; Lampião tinha oração, morreu; Maria bonita usava conta, colar, e Lampião ainda tinha o Padre Cícero que ele era adorador, então a mandinga é isso, você finge que vai, mas não vai...

> O mandingueiro antigamente na Bahia era aquele cara que falava, o que é isso cara eu não sou de briga e tal, e te dava uma cabeçada e te derrubava e ia embora, não era aquele cara forte, que vou te derrubar e tal, eu vou te quebrar, o que é isso eu não sou de briga não, calma, não é nada disso, e quando você dava um mole e tum, isso é mandinga.

Podemos notar uma polissemia para a *mandinga* que aparece como um atributo sobrenatural, uma espécie de magia, da mesma forma que pode traduzir a simulação de um golpe, um artifício ligado à malandragem que permite ao capoeirista camuflar suas reais intenções. Na concepção de Caillois (1990) essa dissimulação corresponde a categoria da mimicry, um ardil utilizado durante o jogo levando o oponente ao engano, ao logro. Nesta gama de sentidos, a mandinga, além de proteger o capoeirista espiritualmente, o ajuda a dissimular suas ações na roda.

Lévi-Strauss enaltece a eficácia simbólica das práticas ritualísticas que envolvem a crença no sobrenatural, assim, os amuletos, dentre outros aspectos, não funcionam porque são mágicos, mas são mágicos porque funcionam. Essa relação de efeito nos rituais mágicos passa pela entrega total dos sujeitos ao rito, criando laços profundos entre os que comungam destes valores. Já para o filósofo Ernst Cassirer esse tipo de mundo mítico não expressa racionalidade, nem a intencionalidade humana, sua lógica habita a esfera do inconsciente, da imaginação criativa, capaz de criar a "liga" necessária à permanência, transmissão e manutenção dos costumes.

Ao longo de nosso estudo percebemos que as narrativas dos sujeitos apontam diferentes aspectos simbólicos, ritualísticos e míticos contributos para essa ordenação e coesão nos grupos de capoeiristas. As falas dos mestres remetem a uma ligação profunda entre os participantes do ritual que pode aludir às irmandades[106], confrarias e sociedades religiosas ligadas à negritude que serviram, sobretudo, como entidades de resistência durante e após a escravidão. Essa ligação fraterna é ressaltada: "*O capoeirista é tudo parente, no enterro do Mestre Nacional ... quando eu olhei o Nacional lá no caixão, e o Mintirinha do meu lado, passando mal, chorando, parece que está indo ali um pedaço da gente*". É o sentido de família que sacraliza e fortifica o elo entre os membros, apelando não só para ancestralidade, mas também para a ideia de consanguinidade.

Roger Bastide (2001), ao estudar os candomblés da Bahia observou que os adeptos dessa religião possuem uma organização familiar, com irmãos, pais e mães de santo. Ainda segundo o autor, as práticas ritualísticas reforçam visceralmente o elo entre os elementos partidários dessas organizações religiosas. Tanto Bastide como Lévi-Strauss apontam a eficácia dos rituais mágico-sagrados para uma ordenação hierárquica dentro dos grupos. Na esteira desses autores, faremos uma pequena analogia entre o ritual da capoeira e a religiosidade afro-brasileira. Em ambos, percebemos que o mestre de capoeira e o pai de santo (Babalorixá) são as figuras que detém maior poder[107] dentro do rito, a imagem paterna nos remete

---

[106] Dentre várias irmandades existentes com o intuito de resistência e oposição à escravidão no Brasil podemos destacar as seguintes: Sociedade Dois de Julho, entidade abolicionista fundada na Bahia em 1856. Sociedade protetora dos desvalidos, fundada por um africano livre na Bahia em 1832. Irmandade de Nossa Senhora dos homens pretos, fundada em São Paulo em 1771, nasce a partir da impossibilidade dos escravos poderem cultuar seus deuses africanos e da necessidade de se organizarem socialmente. Irmandade de Nossa Senhora do Rosário e São Benedito dos homens pretos. Uma das mais antigas irmandades do Rio de Janeiro e que se destacou na libertação de escravos em diferentes pontos do Brasil, desde 1779 a irmandade tinha o poder de alforriar mediante indenização os escravos que sofressem maus tratos por seus senhores. Consta em seu regulamento interno a obrigação de socorrer os irmãos escravos, dentre as diversas alforrias compradas pela irmandade, seu caixa financiou diversos intentos abolicionistas (MOURA, 2004).

[107] Apesar do grande número de praticantes de capoeira atualmente do

à segurança, à proteção, ao ensinamento e ao sagrado. Notemos a ligação entre capoeira e religiosidade:

> Todo mestre de capoeira é pai de santo, todo mestre de capoeira é psicólogo, é pai é mãe, todo mestre de capoeira detém toda essa coisa, porque é uma coisa espiritual, ele ensina, pra mim, capoeira é isso.

As sociedades religiosas negras foram responsáveis em contribuir para a união dos seus membros, assim como a perpetuação de uma cultura sufocada e perseguida pelas instituições policiais durante o seu percurso histórico. Essa trama, além de apelar para uma construção imaginária de família, encontra-se circundada em uma aura espiritual que perpassa a saga do povo africano desde os tempos do Império até os dias atuais. Neste sentido cabe uma reflexão dessa religiosidade como um traço simbólico dos mestres entrevistados, vejamos:

> Capoeira pra mim é religião, eu não vejo ela apenas como capoeira, pra mim ela é religião (...), imagina, escutar o couro batendo, é igual ao candomblé, a gente fica empolgado e tem que chegar mesmo, tem que bater cabeça, bater cabeça meu filho, é o contexto espiritual (...) eu fecho os olhos, bato a minha cabeça, vou vadiar (...)

O discurso vem reforçar a capoeira como rito sagrado, apontando para uma deferência à religiosidade africana, talvez uma veneração aos ancestrais da capoeira. A antropóloga Yvonne Velho (1977) descreve o ato de bater cabeça como um sinal de respeito di-

---

sexo feminino, a modalidade apresenta fortes traços machistas em suas cantigas. A maioria dos mestres de capoeira é do sexo masculino, neste mesmo sentido hegemônico também se apresentam os grandes mestres ao longo da história, homens. No aspecto religioso as mulheres ganharam destaque no Brasil, superando talvez uma representatividade que era masculina, construindo um forte imaginário ligado às mães de santo; diferente da capoeira, na religiosidade se destacam nomes femininos, como Mãe Senhora, Mãe Menininha, Stela de Oxóssi, entre outras...

ante do altar em que ficam expostos os Orixás, os deuses dos cultos afro-brasileiros. A autora discorre o cotidiano de um terreiro de umbanda e suas cerimônias, realizadas ao som de instrumentos e cantos sagrados, capazes de estabelecer um elo entre o corpo e o espírito, uma possessão que liga os homens ao sobrenatural.

Mestre Decânio Filho (2002), um dos discípulos de Mestre Bimba, estabelece uma interessante relação entre a incorporação ocorrida no Candomblé, e o que ele chama de transe capoeirano, que é uma espécie de modificação da consciência durante a prática da capoeira. Em ambos existiria uma aparente perda da consciência, porém na capoeira é mantido o estado de alerta e esquiva permanente no intuito de defesa e contra-ataque, presentes no ritual. O estudioso das religiões Mircea Eliade (1972) chamaria esse tipo de experiência de *hierofania*, que pode ser entendida como uma manifestação do sagrado em símbolos ou rituais remetentes ao divino. Esse transe na capoeira pode ser passaporte ao mundo sagrado, as narrativas entoadas nos cânticos revivem façanhas dos seres encantados, uma história consagrada, vivida de maneira heroica por meio dos mitos. Além de revisitar esses personagens míticos, as cantigas de capoeira desvelam traços do imaginário religioso que envolve a modalidade, remetendo quem as ouve à *Aruanda,* morada mítica dos Orixás. Vejamos:

> Essa espiritualidade quando eu chego na roda, é uma coisa assim... Muito diferente do que eu sentia antes, então essa espiritualidade é como se estivesse em outro mundo, vivendo em uma outra época.

Para Mircea Eliade, o rito tem esse poder de transportar o sujeito para um tempo e lugar sagrado, reversível, pois pode ser revisitado e reatualizado durante o ritual. O acesso a esse tempo e lugar pode ser notado em toda nossa construção textual ao longo das análises. O ritmo, o arrebatamento, a sedução e o *axé* parecem ser sinais dessa ligação céu-terra, ou em linguagem *Nagô, Orum-Aiê*.

> Hoje eu trato a capoeira como a minha espiritualidade, é uma coisa mais espiritual pra mim, ela representa muita coisa, meu ar, meu chão, minha paixão, minha cultura, é minha música, minha luta (...) mas hoje eu vejo como o meu lado espiritual que eu descobri dentro dela (...)
>
> (...) A capoeira é o ar que eu respiro....
>
> Tem o lado espiritual pra quem gosta (...)
>
> Porque a capoeira transcende o físico, (...) tem que estar dentro, não precisa ser atlético, ele tem que ter paixão, tem quer ter alma, então é por aí, muito mais do que físico.

Essa espiritualidade, presente nas paráfrases, energia, *axé*, mandinga, perpassa as narrativas dos mestres entrevistados ao longo da pesquisa, pistas que vão de encontro às práticas religiosas africanas no Brasil, perpetuadas nos ritos, por meio da culinária, das diversas expressões da cultura corporal, dos cânticos, dos toques, enfim, das manifestações difundidas pelos mestres da cultura afrobrasileira. Essa dimensão espiritual transforma a roda de capoeira em um rito sagrado, apropriando-nos de Eliade (1996), o próprio mundo dos capoeiristas, o centro do universo.

Vimos também que no percurso histórico dos africanos no Brasil, as práticas religiosas das Mães de santo, conhecidas como tias baianas, no bairro da Saúde no Rio de Janeiro, foram de extrema importância para a cultura africana manter-se viva durante as refregas impostas pela polícia da época. A casa de Tia Ciata com seus festejos, seu *axé*, contribuiu para a aglutinação dos negros e suas mandingas, responsáveis pela preservação e transmissão dos traços culturais outrora combatidos. De acordo com Moura (2004), as irmandades negras tinham como finalidade o cuidado para com seu próximo, um sentimento fraterno que os unia em torno de um grupo familiar, objetivando resistir às intempéries da escravidão.

Ouçamos essa memória discursiva na voz dos capoeiristas:

> Aquele cara era um pai de capoeira, irmão de capoeira, antigamente irmão de capoeira e o pai de capoeira ...o mestre... então isso prendia muito, o cara não precisava ser bom de capoeira pra você estar ligado a ele, você ia jogar capoeira pela ... pela a amizade que você tinha pela aquela pessoa, pela afinidade ... Você sentia afinidade que tinham ali, saía dali, você aprendia alguma coisa no seu dia a dia (...)

> A força, a liberdade, em relação ao sofrimento, pela dor, acho que tudo isso é a capoeira, tudo isso representa a capoeira (...)

> Ela nasceu na ânsia do negro escravo, então ela é uma luta de liberdade, tem todo um envolvimento, toda uma história (...)

> A capoeira ela surgiu como uma luta de liberdade, e nego se amava muito, pra lutar um pelo outro, e lutou pra sua liberdade, e é por isso que leva a simplicidade.

> (...) A capoeira é uma arte, uma resistência de um povo (...)

> (...) Essa parte de estar sempre cuidando...dos seus amigos, o companheirismo da capoeira dentro de um grupo, ele é companheiro o tempo todo do seu amigo, para estar nas rodas, que um pode contar com outro que vai estar ali pra poder sempre estar ajudando ele nas horas da dor, nas horas de dificuldades e nas horas das alegrias.

A capoeira possui essa característica de união dos membros em torno de um ritual que fornece sentidos para sua manutenção e perpetuação. O cuidado com seus confrades estaria inscrito na existência dos grupos sociais negros. Podemos lembrar a assistência fornecida por tia Ciata e as "tias baianas" aos negros recém-chegados da Bahia, assim como demais companheiros em dificuldade. Talvez seguindo uma tradição assegurada por essas mesmas sacerdotisas baianas, é comum depois das rodas de capoeira os praticantes se reunirem para confraternizar, culminando o ritual em um ambiente festivo, lúdico, não raro regado a comidas, bebidas e batuques como samba de roda ou partido alto, relembrando talvez o famoso quintal da tia Ciata.

Para Maffesoli (2006) a festa é um ritual de união que possui dimensão dionisíaca, em que se exacerba o hedonismo, o prazer de "estar junto". O autor enfatiza os laços sociais que se formam e consolidam a partir do que ele chama de revolução espiritual, dos sentimentos afirmativos da alegria de viver. Podemos dizer que essas percepções são comuns aos mestres e professores entrevistados. *"Eu sinto um arrepio no corpo, uma vontade de estar ali compartilhando com os amigos essa energia, uma festa, pra mim a capoeira é uma festa, que ali no meio daquela festa ali.... confraternizando"*. O autor entende a festa como irradiadora desse arroubo emocional, uma importante cerimônia que além de ligar, dá sustentáculo às tribos contemporâneas, como o autor chama as comunidades unidas voluntariamente, comungando dos mesmos anseios, desejos, pulsões. Como sugere Muniz Sodré (1996), ao comentar sobre a capoeira e identidade, "para o homem da tradição, ser não significa viver, mas pertencer a uma totalidade, que é o grupo (...) pelo pertencimento o grupo faz-se imanente ao indivíduo, enquanto este se reencontra no grupo". Talvez possamos estender essa ideia aos capoeiristas que revelaram em suas falas, o prazer de estar juntos, celebrando o gozo intenso do momento, a união gratuita.

> A amizade, a amizade é pra vida toda, sem amigos nós não somos ninguém, a capoeira é uma luta, que consegue juntar várias pessoas, várias etnias, várias crenças, várias religiões, e por ali você vê que a amizade, é o forte de tudo, é o forte de tudo da capoeira.

Retornando a Maffesoli, o autor exalta a importância dos sentimentos como provocadores de uma pertença ao grupo, além de causar aderência e sentidos compartilhados, eles revigoram e vitalizam o coletivo. *"Se está feliz da vida vai lá porque está feliz e vai participar e se está triste vamos lá pra ver se a tristeza vai embora. Sempre encontrar pessoas conhecidas na roda, e confraternizando com essas pessoas, isso que é o maior barato"*. Podemos denominar essa ligação profunda como uma paixão comunitária, uma vingança de Dionísio à tentativa de aprisionamento apolíneo do prazer, do gozo, do erotismo ao longo dos tempos. Para o autor, nem os dogmas proibitivos do cristianismo nem os valores burgueses foram capazes de apagar a alma do tribalismo, pois os afetos, a fraternidade, o erotismo social, irrompem durante o período orgíaco da festa, do encontro prazeroso e voluntarioso das tribos.

> A alegria é aquilo espontâneo, aquilo que você sente, não em todas as vezes, mas compensa aqueles dias que ela não passou por você, é que nem a vida, o momento feliz que passa do seu lado e tenta ser forte, ser mais forte do que tudo e que todos, não querendo morrer e nem tão pouco sofrer.
>
> (...) mas se imagina escutando o berimbau, atabaque, pandeiro, palmas, canto, isso é uma alegria de vida é uma alegria pra minha vida.

Os sentidos de estar juntos, vadiando, mandingando ou jogando capoeira parecem ir para além da prática esportiva, do gesto motor. Existem laços imperceptíveis ao olhar racional que aderem os sujeitos ao rito, evocando emoções, sentimentos e pulsões capazes de estabelecer uma ligação profunda entre os capoeiristas, que somada à religiosidade e o pertencimento ritual significam para os mestres de capoeira entrevistados uma ação para além do campo esportivo, talvez uma filosofia de vida, um jeito de ser, moldado, marcado e corporificado a partir do ritual, do ritmo, do *axé*.

4.4 Retórica corporal e marcas da malandragem na capoeira

"Antigamente, no nosso tempo..."
"Hoje em dia...no tempo deles"

No corpus de nossas entrevistas, as marcas discursivas "antigamente" e "hoje em dia" chamaram-nos atenção pela ênfase e regularidade com que emergiram tanto nos discursos dos mestres como nos dos professores, desenhando duas grandes categorias de análise que chamaremos de "no meu tempo" e "no tempo deles". Essas marcas discursivas insurgiram a partir da proposição que fizemos: *"Você consegue identificar um capoeirista andando na rua?"*

Os dois grupos, os mestres da velha guarda e os professores de capoeira, apontaram traços, indícios e pistas que nos levaram a uma produção imaginária da capoeira envolvendo diferentes contextos sócio históricos, retórica corporal e sentidos de malandragem bastante singulares. Viajemos na capoeira "do meu tempo"...

4.4.1 A capoeira do meu tempo...

*"Tempo bom,
tempo que não volta mais.
Hoje trago na memória
todos nossos ancestrais."*
Mestre Mão Branca

Os mestres de capoeira da velha guarda disseram que antes eram capazes de identificar um capoeirista andando na rua, porém hoje em dia não mais, *"olha atualmente não, no tempo que nós fazíamos capoeira a gente identificava"*. Em que pese a consideração desta fala poder remeter a um saudosismo da juventude, época áurea destes antigos mestres, ela carrega consigo também uma memória discursiva, que não se resume no dizível, no aparente, mas em tudo aquilo que já foi dito antes e permanece na memória das palavras, um contexto ampliado da fala, que Orlandi (2005) categoriza como interdiscurso. Neste sentido, os discursos nos conduzem à compreensão de um determinado cenário da capoeira, não somente circunscrito a um período sócio histórico, mas eivado de memórias de um jeito de ser capoeira, vivido pelos mestres:

> Antes você dava pra ver o camarada e falar, aquele indivíduo é um capoeirista pelo o andar, pela tradição do capoeirista.
>
> (...) Na maneira dele parar, dele falar (...) digo um capoeirista ele não para, ele dá aquele tipo de gingado, aí fica mais fácil de identificar.
>
> Antes dava porque tinha esse gingado, eles eram diferentes (...)
>
> A gente identificava o modo de andar. (...) o modo de andar era um modo... Assim, um termo que o capoeirista usava antigamente sangando, sangando, era andar como se fosse sambando, andando como se fosse uma ginga, mas uma ginga ativa.

As falas nos dão uma primeira percepção de uma descaracterização, talvez um empobrecimento da tradição da capoeira desde seu ritual, até a figura do capoeirista, com seus códigos de pertencimento intimamente ligados aos capoeiras e malandros do Rio Antigo. Essa tradição existe na literatura, na indumentária referente aos integrantes das maltas de capoeira, *Guaiamus* e *Nagoas*, nos chapéus, bengalas, rasteiras e navalhas que marcaram ao longo dos tempos a identidade dos capoeiras e dos malandros.

As relações que os indivíduos estabelecem com o mundo são mediatizadas pelos seus corpos, envolvendo uma inserção social que as permite interagir com suas posturas, gestos e movimentos culturalmente moldados. Tomando esta premissa de Le Breton, o corpo do capoeirista circunscreve sua história, em seu jeito de ser e estar no mundo, marcas que o singularizam dos demais. A ginga, recorrente na fala dos mestres, parece simbolizar esta linguagem corporal dos capoeiristas; parar, andar e falar se aglutinam no gingar, jeito de corpo fundamental para o jogo, na roda e na vida: *"(...) um capoeirista ele não para, ele dá aquele tipo de gingado, aí fica mais fácil de identificar"*. Ela é a principal forma do capoeirista se movimentar, é a partir dela que começa a se estabelecer o diálogo corporal na roda, configurando-se como um atributo fundamental de um bom capoeirista, e notada por um jeito de ser e de se movimentar, sinuoso, curvilíneo, fugidio, sem quinas.

Esse "jeito de corpo" pode ser encontrado também em manifestações bastante características da cultura corporal brasileira, como o futebol e o samba, reforçando a construção recorrente em diversos meios de uma identidade nacional ligada a essa gestualidade. Corroborando esta ligação, não raro encontramos alusão à ginga na cultura popular. Os versos entoados pelo sambista Zeca Pagodinho[108] nos mostram essa polissemia, *"pra ganhar seu amor fiz mandinga, fui à ginga de um bom capoeira, dei rasteira na sua emoção, com o seu coração fiz zuera (...)"*. Notemos em cada verso a utilização de termos como: mandinga, ginga, capoeira, rasteira e zuera; ilustrando não somente a apropriação de um vocabulário singular dos capoeiras antigos, mas herdando destes a filiação de sentidos presentes neste universo da malandragem, bem caracterizado pela figura do sambista Zeca Pagodinho, que pode ser considerado um malandro, vejamos suas palavras, *"eu não sou um homem da casa que vai pra rua, eu sou um homem da rua que vai pra casa"*. Continuemos nos passos do capoeira:

---

[108] Música intitulada, Verdade, gravada no disco Deixa Clarear, composição de Nelson Rufino e Carlinhos Santana, lançado pela gravadora Universal em 2003.

> O capoeirista ele tem um caminhar, uma vestimenta, tem um jeito de falar, ele tem uma entidade bem peculiar a ele mesmo, o modo de andar, o modo de gingar, mais gingado, como capoeira mesmo, com o jeito da ginga da capoeira.
>
> Ele geralmente anda gingando, com o corpo mais jogado, é sempre falante (...)

A retórica corporal da capoeira se entrecruza à da malandragem, e desfila em algumas produções musicais ao longo da história. Neste sentido, vale revisitar Chico Buarque, na Ópera do Malandro (1979) a fim de nos aproximarmos desse corpo sinuoso, quando anuncia: *"Eis o malandro na praça outra vez, caminhando na ponta dos pés, como quem pisa nos corações, que rolaram nos cabarés"*. Notemos que a construção do malandro aponta uma gestualidade atrelada ao sinuoso, ao lúdico, ao sorrateiro, à ginga. A fala dos mestres parece apontar para uma linguagem corporal que extrapola os limites da roda de capoeira, vindo a se amalgamar ao próprio capoeirista. Nessa trama, a ginga que norteia esses passos é um trunfo, uma rasteira no ditado que fala "o branco faz letra e o negro faz treta". É a treta subvertendo a letra, seja no jogo da capoeira ou no jogo da vida, em que foram diplomados, nas esquinas, becos, vielas e morros no percurso da história. Neste mesmo prisma, Sodré (2002) assevera que a ginga nada mais é que o produto do caminho que o negro encontrou para interagir com a realidade desfavorável, imposta pelo colonizador. *"A capoeira tem tantas vertentes, do cara ser malandro, do cara aprender a sobreviver"*.

Permeia o imaginário da capoeira a ideia que a ginga era o principal subterfúgio para camuflar as intenções de resistência ao regime escravocrata, entretanto atualmente na roda ela pode vir a mascarar os golpes, a intencionalidade, atribuindo um sentido lúdico à prática. Nesse construto, podemos pensar em um resgate simbólico à Rainha *Nzinga* de Angola, pois a utilização deste termo pode ser ressonância da sua saga. *Nzinga* comandou seu reino contra Portugal entre os séculos XVI e XVII e foi conhecida por ser uma excelente estrategista, surpreendendo seus inimigos pelo ataque de forma inesperada, induzindo-os a emboscadas fatais. A Rainha *Nzinga* era ainda adepta de um ritual mágico, que a protegia nas batalhas empreendidas contra os europeus. Ela e tantos outros personagens emblemáticos das culturas africana e carioca: *Guaiamus*, *Nagoas*, Manduca da Praia, Prata-preta, Madame Satã, entre outros tantos silenciados na história, representam um passado corporificado no imaginário dos mestres de capoeira.

> Eu cheguei a conhecer aqueles malandros da Lapa, com sapato carrapeta, chapéu, você vê ao longe, depois do modo de ser, andar, era meio espontâneo.

> (...) Ééééé ...o chapéu jogado pro lado (...)

> (...) Os mais antigos usavam mais linho, uns chapéus mais malandreados, uma calça mais larga, o andar do capoeirista preservava mais o andar malandreado.

A representação do capoeirista antigo em muito se assemelha aos componentes das maltas e seus sucessores, os malandros. A vestimenta descrita pelos mestres parece ser herança dos tempos áureos de *Guaiamus* e *Nagoas*, e anos mais tarde, dos malandros da Lapa, que capitanearam a boemia carioca durante os anos de 1930 a 50. O chapéu, a bengala, a navalha, o lenço de seda, entre outros, são códigos de pertencimento comuns aos dois grupos abordados.

A Lapa foi o bairro que aglutinou a efervescência da noite carioca, com suas casas de espetáculos, de jogos e de prostituição. Neste cenário o malandro precisava não só da capoeira, mas também da elegância para sua fruição social. Para sair dos quintais e ganhar as ruas, a indumentária garantiu um nível de distinção social. O terno continuava branco com traços vermelhos, uma lembrança das maltas, porém como aponta Rocha (2006), feito no puro linho HJ S-120, chapéu panamá, sapato bicolor e lenço de seda, para evitar o ataque da famigerada sardinha, a navalha.

Buscando as pistas que a história desta indumentária no Brasil nos fornece, Raspanti (2011) conta que as roupas largas dos tempos do Império tornaram-se mais elegantes, condizentes com a moda francesa; a sisuda cartola foi substituída pelo chapéu Panamá, referendado e adotado de forma emblemática por personalidades como Santos Dumont e Getúlio Vargas. Para além de uma imitação prestigiosa[109] das elites cariocas, o malandro veste sua história, sua epopeia. A construção simbólica do chapéu apontava a qual malta o capoeira pertencia, um verdadeiro emblema ostentado tanto por *Guaiamus*, quanto por *Nagoas*. Esse símbolo perpassa o tempo, ganhando sentidos de elegância e distinção sem perder sua memória.

> Antigamente tinha uma característica muito marcante, que ela se perdeu hoje, até pela evolução, antigamente tinha o malandro que era capoeirista, tinha as vestimentas, o tipo de chapéus, então ficava mais fácil você identificar.
>
> (...) A vestimenta é o terno de linho, andando sempre bem vestidos, com bengalas, com o chapéu, naquele tempo das maltas eles usavam chapéus com a aba virado pra cima, virado pra baixo, essas eram as características.
>
> Antigamente tinha mais, eu quando via um rapaz de sapato de duas cores, com calça branca, chapeuzinho na cabeça, com o andar balanceado.... na maioria das vezes.... ele já era um capoeira.
>
> (...) Aquela malandragem antiga do Rio de Janeiro, do malandro da Lapa.

---

[109] Em Marcel Mauss (1974) podemos encontrar o conceito de imitação prestigiosa quando crianças e adultos procuram imitar as pessoas poderosas e bem sucedidas. Ao copiar o modelo, o que se procura não é ser igual na forma, mas sim alcançar os bens capitais que ela adquiriu.

Os discursos invariavelmente apontam para os códigos de indumentária da malandragem, que assumem ares de distinção nos antigos capoeiras. Esses símbolos representados pelas vestimentas, gestualidade e posturas no jeito de ser do malandro, que em grande medida se amalgamam aos capoeiristas de antigamente, são recorrentes no imaginário, permeando um conjunto de produções. Como deixar de pensar no clássico personagem do Walt Disney "Zé Carioca", representado por um papagaio verde amarelo, trajando terno, chapéu e um guarda-chuva, que como vimos nas muitas histórias do Brasil, já foi utilizado para substituir a bengala como arma pelos capoeiras formadores do passo do frevo em Recife? Zé carioca habita um morro carioca e tem como parceiro de aventuras Nestor, o urubu, uma ave também relacionada em produções[110] ligadas à malandragem. Falante e bom de papo, demonstra em suas histórias que possui a lábia da malandragem, seja para embromar seus credores, fugir do trabalho ou para seduzir sua noiva, Rosinha, que vive sonhando com o casamento.

Outro personagem que permeia o imaginário da malandragem carioca é Zé Pilintra[111] ou apenas Seu Zé, como é chamado pelos adeptos da Umbanda. Sua representação[112] é de um homem mulato muito bem trajado, com terno de linho branco, sapatos bicolores, cravo na lapela, chapéu panamá e lenço de seda vermelho no pescoço para proteger dos ataques de navalha. Ligiéro (2004) nos fala que a entidade Zé Pilintra é patrona da capoeira, chefiando uma legião de outros exus malandros, que em vida teriam habitado a Lapa.

---

[110] Intitulado como samba do urubu, conhecido como dança popular, o urubu malandro teve em sua primeira gravação o intérprete Lourival Inácio de Carvalho pelo selo *O disco Phoenix*, (1914). Segundo Cascudo (2001) o urubu aparece em vários contos como orgulhoso, simpático, esperto e astuto, dificilmente sendo enganado.

[111] Possível corruptela de pilantra, Alkimin (1992) conta que uma das versões da vida de Zé Pelintra na terra é de que ele nasceu em uma cidade chamada Bodocó no interior de Pernambuco bem próximo a cidade de Exu, talvez essa relação tenha alimentado uma construção acerca da representatividade do Exu Zé Pelintra no imaginário.

[112] Estátuas e pinturas vendidas nas casas religiosas.

No ritual da Umbanda as entidades se manifestam através da incorporação de espíritos sagrados em seus respectivos médiuns, como são chamados os umbandistas, e se apresentam segundo suas características míticas. Os exus citados por Ligiéro formam a falange[113] comandada por Zé Pilintra, que segundo a mitologia afrobrasileira, viveu na antiga Lapa no estado do Rio de Janeiro, vindo a constituir um seleto grupo de malandros. Para o autor, Zé Pilintra e seus companheiros eram verdadeiros bambas na capoeira, malandros renomados, que colocavam sua malandragem a prova na capoeira, nas brigas e nos batuques.

Zé Pilintra pode ser considerado uma alegoria dessa tal "malandragem brasileira", bamba na capoeira, cafetão amado por várias mulheres, sendo inclusive sustentado por muitas delas. Boêmio e bom dançarino, jamais dispensando sua navalha e seu patuá, elementos indispensáveis para burlar a ordem estabelecida pelo poder formal. Durante o ritual religioso da Umbanda a figura de Zé Pilintra se manifesta no terreiro, muitas vezes, com movimentos e gestos que nos remetem à prática da capoeira, reforçando o imaginário de uma entidade sagrada que protege os capoeiristas. Talvez por esses atributos, Seu Zé seja tão popular ao ponto de estar presente em diversas alegorias, estátuas, camisas e até mesmo em adesivos de carros, no intuito de protegê-los, assim como os seus proprietários. Vejamos uma reportagem do jornal O Dia em 15/01/2008:

> *Bandidos respeitariam veículos que têm imagem de 'Zé Pilintra' Rio - Na tentativa de diminuir o número de assaltos e roubos de veículos, motoristas da Baixada Fluminense estão usando adesivos com a imagem do santo 'Zé Pilintra' de vários tamanhos nos carros. Segundo eles, os bandidos respeitam muito a entidade da Umbanda. O adesivo colado no carro vem com os dizeres "Sou amigo do Zé". Até alguns policiais aderiram.*

---

[113] Grupo de entidades afins que se manifestam na mesma sintonia.

Nesses adesivos e outras alegorias, a figura de Zé Pilintra costuma aparecer debaixo dos arcos, encostado no lampadário da Lapa. Observemos que o lampadário foi um dos símbolos da reforma que o prefeito Pereira Passos instaurou na cidade do Rio de Janeiro, e a figura malandra de Zé Pilintra encostada de maneira irreverente no monumento indica uma transgressão simbólica, um deboche à formalidade e à autoridade do estado. A construção simbólica do malandro traz as cores alusivas à *Guaiamus* e *Nagoas*. As aventuras românticas e a elegância se amalgamam com rasteiras, cabeçadas e toda sagacidade adquirida historicamente nas pelejas da vida. Esses atributos aparecem imbricados no trajar e no jeito de se movimentar representado na ginga, vejamos:

> Uma ginga ativa, você estava na atividade, o capoeirista, por exemplo, ele antigamente tava, olhando pro lado esquerdo, mas ele estava sabendo quem estava vindo pelo lado direito, muitas das vezes você vinha por trás do capoeirista, pra dar um susto nele e ele jogava o pé pra trás, e sem olhar pra trás ele já sabia que você estava atrás dele, através do modo dele andar, olhando pra vários lugares ele ...a visão dele ele... focalizava vários locais.

A onipotência da ginga, presente na fala dos antigos mestres não remete aos movimentos desportivos utilizados nas atuais rodas de capoeira, são gestualidades incorporadas para sua sobrevivência, de um corpo arquivo, pronto para o embate, como nos ensina a pesquisa do antropólogo Julio Cesar Tavares (1984). A construção imaginária do malandro agrega essa representação: o olhar de soslaio, a visão periférica, aprendida nas esquinas e encruzilhadas do Rio Antigo, e os golpes perigosos e traiçoeiros, destinados aos desafetos. Sua indumentária não era um simulacro da antiga malandragem, mas sim um emblema, uma marca registrada de pertencimento e distinção, que segundo nossos mestres está se perdendo na contemporaneidade.

> (...) É esse exemplo que eu estou lhe dando, você via o capoeirista jogar, o chapéu dele não caía, você não tirava o chapéu da cabeça do capoeira, você estava lá no Mackenzie, você viu o mestre de capoeira jogando, daqui a pouco tiraram o chapéu da cabeça dele, o capoeirista se valorizava.

A passagem "o capoeirista se valorizava", aponta uma perda do prestígio, do respeito e do princípio de autoridade do mestre, não só pela sua figura, mas por sua história, seu legado enquanto capoeira herdeiro das maltas e dos célebres malandros do Rio Antigo. Das aventuras que se imortalizaram nas penas de escritores como Plácido Abreu, Aluísio Azevedo, Luis Edmundo entre outros tantos que consagraram esses feitos, constituindo o imaginário dos mestres de capoeira no estado do Rio de Janeiro.

Na fala acima o entrevistado aponta para uma roda no clube Mackenzie no Méier, em que o capoeirista jogava com um chapéu e no meio da roda perdeu o mesmo durante o jogo, uma atitude desmoralizante segundo o código dos capoeiristas. Lembremos nesse caso das aventuras de 22 da Marajó que abateu seus contendores sem perder a elegância, e sem sujar suas nobres vestes que tanto causavam inveja aos jovens da Gamboa. Encontramos ecos desse tempo na memória discursiva de nossos mestres:

> Capoeirista completo é o capoeirista que ele entra numa roda, até numa roda violenta e muita das vezes ele não bate em ninguém e também ninguém toca nele ....e ele não suja a sua calça branca ... seria um capoeirista ideal, é o que você hoje raramente tu vê né, o capoeira jogar sem sujar a sua calça branca.

Convidaremos o leitor a continuar mergulhando nesse imaginário a partir de uma bela cantiga de capoeira:

> *Antigamente, tudo era diferente, no Rio a gente era gente, que beleza de lugar, ali na Lapa, tinha toda a*

> *malandragem do samba e da capoeira, vale a pena recordar, a malandragem, não era como hoje em dia, havia mais poesia no jeito de malandrar, o bom malandro, de branco era boa praça, cantava e fazia graça, era um tipo popular, mas respeitado, porque bom de capoeira, derrubava de rasteira, sem nem mesmo se sujar (...)*
>
> MESTRE TONI VARGAS

Atributos como elegância, astúcia e autoestima parecem constituir essa retórica corporal, sua roupa branca e chapéu, símbolos de distinção e tradição não podem ser tocados, sujos profanados. Para Chevalier e Gheerbrant (2003) o chapéu é um signo de nobreza e poder, não devendo ser retirado durante as cerimônias, a fim de garantir o reconhecimento da superioridade dos líderes. A roupa branca além de aludir às maltas remete ao tempo que o capoeirista jogava sem se sujar nas festas de largo na Bahia, chamada também de "domingueira" ou de "roupa de ver Deus".

Vejamos esse "jeito de corpo" em Baden Powel e Vinicius de Morais (1996): *"Capoeira que é bom não cai, mas se um dia ele cai, cai bem, capoeira me mandou dizer que já chegou, chegou para ficar, berimbau me confirmou vai ter briga de amor, tristeza camará (...)"*. Sujar a roupa denota desrespeito e imperícia do capoeirista. Da mesma forma que tirar o chapéu do mestre indica que ele não foi astuto o suficiente para assumir um símbolo da malandragem. Cabendo nesses casos a máxima do famoso mestre de capoeira baiano, Caiçara, "roupa de homem não dá em menino".

4.4.2 A capoeira "hoje em dia"

> *Você que é forte e só pensa em pegar peso*
> *quero ver entrar na roda e mostrar*
> *que é mandingueiro...*

A partir da emergência da marca linguística "Hoje em dia", os discursos nos ajudaram a mapear sentidos que apontam para uma "nova" capoeira, uma capoeira moderna ou contemporânea, como é adjetivada por alguns capoeiristas. Enquanto a descrição de um capoeirista de antigamente nos permitiu acesso memorial à história da modalidade e de seus personagens, o reconhecimento de um praticante atualmente pode ser mais impreciso, remetendo a outro contexto que, segundo as narrativas dos capoeiristas, revelariam sinais dos "tempos modernos".

> *O verdadeiro capoeirista a gente consegue, o capoeirista moderno não, porque ele vem de academia sabe, aquele capoeira que vem da antiguidade, que bate cabeça, bate um tambor, sabe cantar na hora certa, e assim no olho no olho, a gente percebe, esse nego não é mole...*

Até o momento, os discursos dos mestres de capoeira desvelaram aspectos ligados a história da cultura afro-brasileira, tendo os capoeiristas como protagonistas de uma trama que envolve samba, malandragem, capoeira, candomblé e outras manifestações ligadas a essa negritude. Passa então a haver um afastamento, uma lacuna entre a capoeira de antigamente e a de hoje em dia. As passagens "o verdadeiro capoeirista" e "capoeira pura" apontam para um sentimento de distinção de uma antiga capoeira, uma suposta tradição que coloca os mestres mais antigos como detentores de conhecimentos ancestrais, tentando aproximá-los dos mitos ou até mesmo transformá-los em tais. Em contrapartida, a capoeira "moderna" é veiculada como uma modalidade vazia, sem sentidos ritualísticos, sem tradição, enfim profanada pelos códigos contemporâneos.

> *Tem gente que discrimina a capoeira... quer dizer, já foi muito discriminada, minha avó tem a maior discriminação (...) mães e adultos que já tem uma discriminação, vê capoeirista na rua fazendo bagunça, bebendo cerveja com roupa de capoeira, e isso não é legal, eles olham e falam:*

capoeira é de negro, mas falam também que capoeira é de malandro (...) Graças a Deus que eu entrei em grupos que não tem aquela coisa de malandro.

Com a institucionalização e o surgimento da capoeira como manifestação esportiva, toda uma cultura ligada à celebração, à vadiagem e à festa parece hoje denegrir a imagem da modalidade. O *abadá*, calça branca de helanca utilizada pelos capoeiristas atuais, que segundo Lopes (2004) faz alusão às túnicas compridas usadas pelos negros *Malês*, pode ser considerada um dos símbolos dessa capoeira moderna, não podendo ser usado em locais que possam macular seu sentido esportivo, afinal bebida e esporte não combinam dentro do "politicamente correto" da atualidade. Vale ressaltar que, mais uma vez, a indumentária aparece como código de distinção e pertencimento dos capoeiristas, porém com sentidos que se afastam, dando indícios de mudanças nos paradigmas da capoeira.

Alejandro Frigério (1989) estabelece uma interessante relação entre as diferenças simbólicas nas religiões afro-brasileiras, Candomblé e Umbanda, e nas duas modalidades de capoeira, Angola e Regional. Para o autor, o candomblé tenta conservar no seu rito traços ligados à ancestralidade africana como: a representação dos Orixás, indumentárias, cânticos etc. Enquanto a Umbanda dialoga com elementos de outras culturas como: santos católicos, fundamentos da doutrina espírita codificada por Alan Kardec na França e traços da cultura indígena. Frigério reconhece na Umbanda uma espécie de embranquecimento dos signos da cultura africana, se adequando aos sistemas políticos posteriores a data de sua criação pelo Médium Zélio de Morais, em 1908. Na análise do autor, fenômeno parecido acontece entre a Capoeira Angola e a Capoeira Regional, com a primeira procurando manter em seus discursos, rituais, gestualidades, músicas e outros símbolos, elos com uma africanidade fundadora da capoeira. Enquanto a segunda, assume características ligadas a outras lutas, se adequando ao modelo desportivo cristalizado por Getúlio Vargas no final dos anos 1930. Na esteira do autor os discursos parecem apontar para essa ressignificação de códigos, que vêm silenciar traços culturais indeléveis, empreendidos pelos negros no Brasil.

Um dos discursos de nossos entrevistados explicita o processo de exclusão velado que acompanha a história brasileira durante os tempos, camuflando o preconceito ainda existente no nosso País. Durante a entrevista com esse mestre, um grupo aparece como destaque no cenário da capoeira, como modelo de sucesso na capoeira atual. Ao ser perguntado por que o mestre não veio compor ou se filiar ao grupo em questão, eis a resposta:

> Porque eu era negro, e na época só tinha branco, só playboy, na época jogavam capoeira até de sunga, cansei de ver o Preguiça de sunga e jogar na roda (...) mas o Bermuda me levou pra lá, o Bermuda foi o melhor capoeirista que eu vi na Senzala, mas eles queriam que eu ficasse lá pra tocar berimbau, mas não pra eu entrar no grupo, eu tocava e cantava, mas não me aceitava no grupo.

A fala mais parece uma releitura de Gilberto Freyre em Casa Grande e Senzala (1998), sobretudo na passagem em que o senhor escravocrata se diverte e se satisfaz sexualmente com suas escravas negras, porém na hora de casar e assumir um compromisso social, a escolhida é uma mulher branca, que não irá comprometer a raça.

Traços culturais como a malandragem, a religiosidade e a própria negritude parecem ganhar uma conotação de vergonha, culpa, mácula, impureza, comprometendo o progresso da capoeira moderna, talvez uma reatualização do discurso de Nina Rodrigues (1930), em que apontava no processo de miscigenação ocorrido no Brasil, o calcanhar de Aquiles do nosso País, sendo as contribuições étnicas africanas o fator contributo para essa fragilidade genética e cultural. Em que pese as colocações de Nina Rodrigues possuírem conotações racistas, preconceituosas e separatistas, apontando os negros como seres inferiores, faz-se presente no percurso da história do Brasil demonstrações que caminham no sentido balizado pelo autor. As expressões "macaco", "beiçudo", "beiço de mula", e até o termo "mulato" (cruzamento de mula com jumento) nascem na tentativa de colocar os negros na condição de animais. Atualmente não são raras demonstrações desse cunho, seja no campo esportivo, com jogadores de futebol sendo ofendidos pela torcida, caso do goleiro Aranha do Santos futebol clube, de Daniel Alves do Barcelona, sendo até ofendidos até por outros atletas; seja na política, com exemplos recentes de declarações de parlamentares visivelmente racistas e também no cunho social presente em piadas, brincadeiras e apelidos, nem um pouco ingênuos, que explicitam um cunho ideológico em manifestações que se pensavam superadas.

As falas continuam apontando para esse silenciamento, agora na forma de transmissão dos conhecimentos da capoeira:

> Um capoeirista ele é de uma religião, começou com os negros e trouxe a sua religião isso está enraizado na capoeira, mas hoje em dia a gente filtra e não é legal a gente está passando conceitos religiosos na capoeira, e o professor que não consegue filtrar isso, e trabalhar de uma forma diferente trabalhando com a música de uma forma educativa, ter uma cultura mais filtrada.

Na perspectiva apontada por Orlandi (1993) podemos ver nesse filtro uma forma de censura aos valores africanos amalgamados historicamente à sua prática. Para a autora, todo discurso aponta uma intencionalidade, uma maneira de se relacionar com sentidos construídos em um determinado contexto, ou seja, demarca uma posição ideológica. Neste caminho, essa interdição aponta para uma tensão de forças presentes nos campos de atuação profissional dos capoeiristas.

> Uma boa parte dos meus alunos, eles são católicos, e a outra parte são evangélicos, e se eu não filtrar o que eu estou cantando, se eu cantar pra eles, olá olaê, quero ver bater quero

> *ver cair, ou então é ...sei lá uma música falando de Iemanjá, não tem a ver com aquela cultura escolar e com aquelas crianças dali, ou até mesmo com os pais (...)*

Essa interdição abre campo para uma discussão acerca dos conteúdos pertencentes à capoeira, pois assim como outras práticas culturais de matizes africanas, ela sofre um processo de ressignificação quando incorpora a cultura esportiva, dando passagem a outra construção simbólica. Assim, para a capoeira se inserir nos espaços formais de ensino, é comum hoje em dia que seja feita uma adequação, ocultando traços de sua identidade formadora e assumindo uma nova característica que garanta essa fruição.

> *Então naquele ambiente não tem jeito é, aeiou, músicas voltadas pra escola e mais voltadas para criança, como aquela, có có.*

> *Hoje a capoeira já não pode mostrar essa mística, além do mais, nós temos muitos alunos evangélicos, que ainda acham que a capoeira é coisa do diabo, então a gente mostra uma capoeira que é um esporte.*

Um dos mestres entrevistados relata que durante anos o ritual da roda por ele comandado, começava com uma cantiga referente à sua religiosidade. Hoje, o mestre denuncia que foi preciso alterar o início da roda, a fim de manter seu espaço de aulas frequentado. *"Vou filtrar o máximo para agradar aquela clientela, e o perfil que são traçados ali"*. Orlandi aponta essa censura como uma interdição do sujeito em formações discursivas determinadas, proibindo-se definidos sentidos impeditivos para a ocupação de certos lugares sociais. Já Sodré (1998) relembra a forma como o negro subverteu a imposição do processo de colonização dos negros Africanos no Brasil, criando o sincretismo, a dissimulação necessária para manter viva a sua cultura.

Eu passo pros alunos que, umas das formas do surgimento da capoeira é quando começou os focos de terreiros de candomblé no Brasil, e uma forma de surgimento da capoeira é essa na forma dos meus estudos, então eu procuro passar, mas naqueles alunos, a gente filtra, <u>mas a capoeira nasceu assim, ela não tem culpa</u>[114], então temos que filtrar isso.

Essa camuflagem empregada para manter sua clientela, é fruto do silenciamento histórico imputado à cultura africana no Brasil, transformando seus deuses em demônios; e os traços de sua manifestação cultural em algo sem valor, ou, de uma forma pejorativa, em coisa de "negro". A fala aponta para esse desvalor, uma mácula que remete a origem da capoeira a um sentido profano, reprimido, que envergonha e denigre uma prática esportiva que parece tentar apagar traços de sua história. Barbieri (2003) atenta para o adestramento que rege o processo de escolarização do ensino e da prática da capoeira e propõe um conjunto de ações que promovam uma mudança de paradigmas nos conteúdos e na forma de abordagem da capoeira nos espaços formais, uma *capoeirização da escola*, diferente do modelo organizacional proposto em Falcão (1996) a escolarização da capoeira.

Segundo Rocha (2006), desde os anos 1970, o movimento negro vem reivindicando uma alteração da abordagem sobre a cultura negra e sobre a África dentro da escola. O autor define que a recuperação da identidade e autoestima são questões fundamentais na luta social por uma sociedade igualitária. Neste sentido, surge a lei 10639/2003, posteriormente alterada pela 11645/2008, que estabelece o ensino da História da África, da Cultura Afro-brasileira e Indígena nas redes oficiais de ensino do País. São leis afirmativas, que reconhecem a escola como lugar da formação de cidadãos, afirmando a relevância de promover a valorização das matrizes culturais que fizeram do Brasil um país rico, múltiplo e plural, porém o

---

[114] Grifo nosso, como se fosse algum tipo de pecado o legado cultural africano.

que parece é que essas ações ficam restritas a datas comemorativas como dia da abolição dos escravos, dia da consciência negra e dia do folclore. Na perspectiva da capoeira desportivizada, esta parece ser moldada nos espaços impessoais e espelhada nas academias de ginástica. "(...) *Na academia tudo é muito frio, as pessoas não se interessam por nada, as pessoas querem ser fortes querem bater(...)*". O corpo do capoeira Firmo, descrito por Aluísio Azevedo (1997), seco, esguio, de músculos preparados para o embate, dá lugar ao corpo forjado durante as sessões de musculação, estetizado, desportivizado. "*O ombro dele bem trabalhado (...) com o abdômen mais saradinho (...)*". Os mestres entrevistados tecem críticas sobre esse modelo corporal e o seu resultado dentro do ritual:

> As rodas se perderam muito, a partir que o pessoal de cintura dura escolheu ficar forte pra jogar capoeira, aí perdeu o ritual ali, que quiseram ficar fortes, não tem o balanço, não esquivam, porque o corpo não deixa esquivar (...)

Neste discurso, o poder de movimentação da ginga parece ficar restrito, preso dentro de um corpo musculoso e atlético, porém lento e vagaroso.

> Não esquivou, com o braço desse tamanho e com o corpo dessa grossura, e cadê a esquiva, pode jogar no chão, mas esquivar não esquiva não, o magrinho que tinha cintura, esquiva que é uma beleza.

Os discursos dos mestres tentam fazer a distinção entre a capoeira de antigamente e a de hoje em dia, talvez enaltecendo o tempo em que eles eram jovens e ativos, logo, desmerecendo os atuais praticantes. Essa construção ideológica nos remete a Baczko (1985) quando descreve que, para ascender socialmente, um grupo enaltece seus códigos simbólicos enquanto desmerece os dos seus opositores. Vejamos:

> Os caras não têm cintura, se você dá um golpe, pega. Ele não tem esquiva, porque ele já joga pensando que você está com medo dele o tempo inteiro, ele te dá um golpe e você dá outro, e vai pegar, e acaba brigando contigo, não tem recurso e a cabeça fica fraca, e não administra mais o corpo.

Seguindo um estudo realizado por Chaves (2009), o corpo do capoeirista parece entrar em conformidade com o atual modelo almejado dentro das academias de musculação, cujo capital simbólico reside na forma hipertrofiada, malhada:

> Hoje em dia ele está mais focado como atleta, mais bombado, como se diz no linguajar (...)

Jogando com as palavras, o corpo para o jogo parece substituir o jogo de corpo. Encontramos nas falas dos mestres de capoeira, um esvaziamento de sentidos ligados à antiga capoeira e à malandragem. Um deslocamento de uma capoeira ritualizada e historicizada, para uma capoeira moderna, com novos ideais e contextos diferentes. A indagação, se seriam capazes de identificar um capoeirista andando pela rua, gerou uma imprecisão, uma obscuridade em estabelecer novos códigos de pertencimento, estranhos ao imaginário destes sujeitos. Durante as falas, foi bastante comum surgirem dúvidas em definir uma representação para o capoeirista,

> Olha atualmente não, no tempo que nós fazíamos capoeira a gente identificava (...) hoje em dia fica difícil identificar uma pessoa como um capoeira.

> Não, aí não, identificando um capoeirista comum, pelo olhar? Pela maneira de andar?

> Olha nem sempre eu identifico, não é comum (...)

> (...) Assim não, olhar assim, distinguir eu acho que não.

(...) Rapaz andando pela rua? (...) Antigamente, com certeza, a capoeira se globalizou tanto que se eu disser que consigo, eu estou mentindo.

(...) Identificar, eu acho que não (...) antes era mais fácil identificar. Não, hoje não dá nem pra fazer isso, identificar, olhar assim, já me enganei muitas vezes

Agora é mais difícil (...) hoje em dia não, tudo virou moda!

Ela se globalizou tanto, então com essa globalização fica difícil.

Os discursos hesitantes convergem para uma indefinição da figura do capoeirista, a ideia de uma nova identidade ainda não aparece clara para nossos sujeitos. Porém, algumas pistas acenam para uma desvalorização desse novo capoeirista, trivial, sem distinção, perdido nessa capoeira moderna. Alguns desses sinais apontados estão presentes não apenas nos capoeiristas, mas também em outras tribos contemporâneas, corroborando o esfumaçamento desta identificação do capoeirista atualmente.

Mesmo hoje você vê uma menina loirinha, branquinha, olho azul, você olha e pensa que é bailarina, mas é capoeirista, é diferente hoje, piorou mais ainda.

(...) A capoeira, hoje em dia, não está naquele cara forte que você pode olhar e falar aquele cara é capoeira, mas não é, e você pode olhar aquele cara gordo, e aquele cara ser um grande capoeirista, julgar um cara fisicamente e falar que ele é capoeirista é meio difícil.

Hoje em dia é difícil, é complicado ver o capoeirista, o capoeirista na minha concepção, é o brasileiro, o brasileiro não tem uma feição correta, dominante, como o japonês, o chi-

nês, tem o olho puxado, se você falar de África, o africano quase todos são negros, brasileiro tem o olho puxado, brasileiro é claro, brasileiro é escuro, tem essa miscigenação de cores, essa miscigenação de raças, e é complicado, o capoeira é o brasileiro, é ver um japonês, apesar do cara ser japonês, o cara é capoeira e é brasileiro e não tem como você identificar, botar o jeito do capoeira, é complicado, pelo o Brasil ter essa... grandeza de raças.

Agora veremos as narrativas dos professores de capoeira entrevistados, que reforçam o discurso dos mestres ao indicar uma nova representação dos capoeiristas atuais, emergindo a capoeira como esporte, como prática desportiva. Uma das marcas linguísticas subjacentes a este grupo foi o uniforme como traço de identificação dos capoeiristas atuais. Vejamos:

Acredito que, hoje em dia, a coisa ficou mais uniforme, antes era mais fácil identificar, mas mesmo assim tem alguns que tem as suas características próprias.

(...) A roupa...a roupa, como gosta de usar uma calça de capoeira, gosta de usar os trajes, a minha facilidade pra identificar um capoeirista é através dos trajes, então eu vejo um cara e falo aquele ali tem pinta de capoeirista.

Hoje em dia...os capoeiristas eles são muitos camuflados, a gente identifica o capoeirista na roda mesmo, ou então com as suas vestimentas, abadá.

Rapaz é uma coisa tão fácil identificar um capoeirista andando de abadá na rua, de corda ou cordel nas costas amarrado.

As falas revelam o uniforme como uma padronização imperativa à ideia da capoeira como esporte e a atual realidade dos grupos e associações. Este cenário parece ter início a partir da organização da capoeira em federações, na década de 1970, "a *indumentária, essa indumentária chegou por volta de setembro de 72 a janeiro de 73, quando a capoeira foi regularizada e começou a se usar cordéis, cordas, cordão*". Mestre Damionor Mendonça, o principal articulador da inclusão da capoeira no sistema confederativo, na Confederação Brasileira de Pugilismo (CBP), registra que, para a capoeira ser aceita dentro dos paradigmas esportivos, ela teve que se adequar às regras positivistas impostas pelo regime ditatorial militar, vigente no período.

Para a capoeira ser difundida foi necessário o seu enquadramento como esporte, com regulamentos e uniformes que dessem aspectos de organização à modalidade, relata o mestre. Além de ter escrito o regulamento norteador desta modalidade, mestre Mendonça direciona a elaboração do uniforme e cria o sistema de graduações por cordéis, adotado até os dias de hoje pelos seguidores deste modelo. Segundo um de nossos mestres entrevistados, o uniforme que mais agradou aos militares dirigentes da CBP foi a calça branca, que mais tarde seria chamada de *abadá*, *tênis* com meia e camisa branca.

Contudo, era preciso também construir símbolos hierárquicos que distinguissem os capoeiristas em níveis. Para tal, foi sugerido um sistema de graduações, inspirados nas faixas coloridas das lutas orientais. Mestre Mendonça elabora um modelo que, além de atender aos ditames políticos da época, simboliza traços históricos da capoeira, o cordel. Segundo o Mestre, o cordel é feito com uma sequência de três fios de seda chamados rabo-de-rato, inspirado no lenço de seda usado pelos malandros no Rio Antigo, porém com as cores do Pavilhão Nacional: verde, amarelo, azul e branco, em consonância com os ideais positivistas da época, estava assim criado o sistema de graduações "oficial" da capoeira, padronizado, enquadrado, hierarquizado, mas com um leve toque de malandragem.

Mestre Peixinho, um dos precursores do grupo Senzala e expoente da capoeira, que faleceu recentemente indo para *Aruanda,* relata que o seu grupo inaugura um tipo de uniforme na ocasião do torneio conhecido como Berimbau de Ouro em 1967, vestindo calças listradas nas cores vermelho e branco, sem camisa e corda vermelha na cintura (Em comunicação pessoal no dia 12 de Março de 2011). Desde então, o grupo senzala adota a corda vermelha como graduação máxima dentro da hierarquia do grupo, porém seguindo também a calça branca feita de helanca, conhecida como *abadá*. Vale a observação que no primeiro uniforme do grupo Senzala, a calça listrada nas cores vermelho e branco, estão presentes as cores das maltas *Guaiamus* e *Nagoas*, em nossa leitura, formadoras simbólicas da indumentária do malandro no imaginário carioca, outra alusão aos emblemas da malandragem nos uniformes de capoeira.

Os códigos de distinção do capoeirista de ontem e de hoje passam pela indumentária, os capoeiristas antigos com suas roupas alusivas à malandragem e os de hoje em dia uniformizados com *abadás*, graduações e camisas indicativas dos seus grupos. Continuemos na descrição fornecida pelos professores entrevistados.

> No modo de se vestir, tá com a blusa da escola, do grupo que ele faz parte, tá com uma calça de capoeira.
>
> (...) Eles gostam de usar a própria camiseta, simbolizando o seu grupo (...)
>
> São aquelas que a maioria dos grupos hoje em dia usam pra divulgar os seus trabalhos, a sua logo, divulgar a bandeira da capoeira, blusas que são com estampas associadas a grupos e associações.
>
> (...) se forem as roupas sim, se for a roupa você fica com aquela curiosidade de saber qual o grupo, às vezes você para pra conversar, e ele está usando uma blusa de capoeira (...)
>
> Tem pessoas que vestem a camisa mesmo, está sempre com a camisa do grupo (...)

> A camisa seria uma camisa normal que a gente ganha em batizados, que vem escrito capoeira, o nome da escola, o nome do seu mestre, até o seu próprio nome.
>
> Uma camisa, se não for do seu grupo e de uma estampa que de repente um mestre ou um amigo deu para ele (...)
>
> (...) Uma camisa que o cara comprou numa roda de capoeira ou uma blusa do seu grupo.

Após a década de 1960 no Estado do Rio de Janeiro algumas vertentes de capoeira passam a figurar dentro do cenário esportivo: o grupo Senzala, na zona sul; e os grupos nascidos na zona norte sob a égide dos mestres Paraná, Mario da Bonfim e destacadamente Arthur Emídio de Oliveira. Porém, como modelo organizacional de grupo de capoeira, o grupo Senzala se notabiliza entre os demais, passando a ganhar espaços nas academias de ginástica da zona sul do Rio de Janeiro. Nestor Capoeira (1997) diz que, a partir da experiência do grupo Senzala, as aulas de capoeira começam a ser mais procuradas e cada vez mais cheias.

Em que pese essa expansão da modalidade, há uma crítica sobre o fato desse modelo de ensino iniciar uma tendência de homogeneização dos treinamentos, formando nos praticantes dessa capoeira "moderna" um corpo próprio, com gestualidades estereotipadas, parametrizadas, influenciando a maioria dos atuais grupos de capoeira espalhados pelo mundo.

> Agora, a maior escola que teve de capoeira, chama-se Senzala, tudo saiu da Senzala, todo mundo saiu, não tem jeito, todos os grupos que fazem frente, vieram de lá, e até hoje fazem... Aqueles meninos ali, se reuniram, desenvolveram um outro tipo de trabalho, foram à Bahia, tiveram influência de Leopoldina, do Arthur Emídio, porque eles rodavam, formaram as sequências deles, o estilo deles (...) mas eles se organizaram, fizeram uma metodologia de tra-

balho, criaram uma sequência que naquela época já era moderna, eles tem uma participação grande na capoeira.

Praticamente a capoeira que está no mundo todo é o estilo Senzala.

Vale acrescentar que na Zona Sul carioca, o grupo Senzala se organiza e passa a constituir filiais por todo o Brasil e posteriormente para outros países, na Zona Norte Mestre Arthur Emídio e Mestre Paraná fazem escola deixando também discípulos espalhados pelo mundo. Com o sucesso desse modelo capitaneado pelo grupo, tem início a era dos grandes grupos de capoeira e do ensino em academias. As aulas passam a ter divisões de alunos por turmas, o tempo das aulas passa a ser controlado e delimitado, conforme dita o ritmo da sociedade de consumo. As aulas passam a ser separadas por sessões que costumam durar no máximo duas horas.

Essas modificações propiciam o surgimento de alguns códigos de ensino, esse enquadramento passa a ser notório com a atual realidade dos grandes grupos de capoeira que parecem homogeneizar o praticante, não como capoeirista, mas como integrante de um coletivo. Notamos que atualmente o pertencimento a um grupo de capoeira parece transcender o fato de ser capoeirista, para Foucault (1987), isso cria no sujeito outra concepção de corpo, não o seu corpo físico, mas um corpo coletivo, pois suas qualidades de jogador não são mais as variáveis principais que o definem; mas o lugar que ele ocupa na hierarquia dentro do sistema estabelecido. Podendo ser graduado, contramestre ou mestre, desempenhando sua função dentro do coletivo. Voltando aos professores entrevistados, podemos encontrar outro traço dessa organização, desse enquadramento, até mesmo na roupa usada no dia a dia, fora da roda, das academias e espaços destinados ao ensino da capoeira, vejamos:

Calça tradicional, calça que usamos no dia a dia, tem uma calça que a gente fala que a calça de rua, que são as calças

> que fogem dos padrões, essa calça é uma calça colorida, mas com o mesmo material
>
> (...) Calças coloridas eles gostam muito (...)
>
> (...) A roupa do capoeira, é tipo você vai ver o cara com a calça de passeio na rua (...)

A expressão calça de passeio nos remete à farda usada pelos militares fora do quartel, uma espécie de *abadá* adaptado para usar no cotidiano, servindo como uniforme alternativo, e até mesmo para ostentar o orgulho de ser capoeirista, se distinguindo dos demais. Talvez dando a impressão de "estar pronto" para entrar em qualquer roda de capoeira jogada na rua ou por onde passar.

É interessante perceber que o surgimento deste tipo de uniforme alternativo pode ser uma resposta às críticas empreendidas, sobretudo pelos praticantes de capoeira angola, que apregoam um outro modelo[115] de capoeira. Para estes praticantes, vale o argumento da tradição, pois os velhos mestres da Bahia não faziam uso de uniforme para jogar nas rodas de largo em Salvador. A partir deste contexto, cria-se uma "tradição" para as rodas de rua, em que o *abadá* não se faz necessário, ficando apenas ligado a situações mais formais.

> A gente está numa roda de rua, a gente não bota a nossa graduação, que não define a nossa prática ali da capoeira.

Existem as chamadas rodas de rua, em que imperam regras e códigos distintos das rodas em recintos fechados, clubes e academias. Dentre as rodas de rua tradicionais do Rio de Janeiro a mais

---

[115] Apesar da capoeira angola também possuir sua forma de uniforme, baseada, sobretudo na escola de Mestre Pastinha, nas cores pretas e amarelas do Clube Ypiranga da Bahia, ela parece não assumir a ideia da capoeira como produto.

famosa é a roda da Penha[116], que principalmente nos anos de 1980 e 1990 foi palco de diversos embates, jogos duros (jogo de capoeira com contato), e brigas que extrapolavam a roda - uma lógica que contrasta com os atuais ditames da sociedade de consumo e da capoeira como fonte de recursos. Neste sentido, podemos apontar o mercado criado a partir do crescimento dos grupos de capoeira que passa a confeccionar calças de helanca, coloridas, estabelecendo de qualquer forma um uniforme, digamos, "informal" "de rua", é a tradição inventada[117] como exora o historiador Eric Hobsbawm (1984).

A lógica comercial revelada pode indicar um novo paradigma a ser seguido, ligado à formalidade, organização e mercantilização. *"Hoje ficou uma coisa mais profissional, vendem um disco, um CD, ganham o seu ganha pão"*. A fala expõe as possibilidades de capitalizar com os produtos advindos da modalidade. Uniformes, instru-

---

[116] Roda de capoeira realizada no mês de outubro, em face da comemoração de Nossa Senhora da Penha. A roda acontece todos os domingos do referido mês começando geralmente no finzinho da tarde, indo noite adentro. Participavam da roda diferentes grupos de capoeira do Rio de Janeiro, valendo destacar a rivalidade dos capoeiristas da Zona Norte e capoeiristas da Zona Sul do estado; nomes como: Mestre Touro, Mestre Mintirinha, o saudoso Mestre Dentinho, Mestre Paulinho Godoy, Mestre Amarelinho, Mestre Khorvão, Mestre Camisa, Mestre Hulk, Mestre Ephrain, Mestre King, Mestre Montana, Mestre Farmácia, Mestre Cobra, Mestre Morcego, Mestre Di mola, Mestre Medeiros, Mestre Nacional, Mestre Altair, eu e outros grandes capoeiristas frequentaram ou jogaram na roda da Penha. Era comum, nesta roda, os jogos serem mais "pesados", terminando muitas vezes em confusões e brigas até mesmo fora da roda. Historicamente a festa da Penha foi palco de diversas manifestações da cultura negra sendo frequentada por figuras lendárias da cultura afro-brasileira. Era comum o samba, a capoeira, o batuque e as comidas já famosas nas casas das Tias baianas da Gamboa. Tia Ciata possuía uma barraca para venda de comidas e bebidas durante a festa, outro frequentador famoso foi Manduca da Praia, célebre capoeira que certa vez se opusera a uma legião de romeiros vencendo a todos com golpes de capoeira, bengaladas e navalhadas (EDMUNDO, 1957).
[117] Para o historiador Eric Hobsbawm (1984) a tradição é um conjunto de valores, costumes e crenças criados em determinados contextos sócio-históricos, usados às vezes para distinguir um período de outro, um grupo de outro, ratificando e muitas vezes atribuindo o poder de um grupo sobre outro.

mentos, livros, revistas CDs, DVDs, lojas de produtos ligados a capoeira, enfim, inaugura-se um comércio em torno da prática.

Entendemos esse processo de desportivização da capoeira, como mecanismo facilitador para sua difusão em diferentes estabelecimentos formais de ensino. Escolas, academias, projetos sociais etc. Atualmente a capoeira é praticada em todo o Brasil e em aproximadamente 160 países do mundo (DA COSTA, 2005). Essa globalização aparece também expressa pelos sujeitos da pesquisa:

> (...) Aí ela ganhou o mundo, foi o uniforme, o padrão, uma série de coisas.... Regulamento, a codificação dos golpes, uma série de coisas.

> A capoeira está em 158 países, são muitos países, a capoeira está universal

> Ela se globalizou tanto, a capoeira está no planeta, e tem gente do mundo todo que joga capoeira (...)

Com o aumento do número de praticantes e a solidificação do modelo associativo em grupos, a capoeira começa a ser exportada para outros países, sendo ensinada em português, e contribuindo para a divulgação da cultura brasileira no exterior. É comum os praticantes de capoeira estrangeiros se interessarem em conhecer traços culturais brasileiros, e até mesmo viajarem ao Brasil, a fim de "beber água da fonte", ter contatos com mestres antigos, com rodas "tradicionais", com o samba, enfim, se aproximar do imaginário brasileiro. No período das férias europeias, os mestres dos grandes grupos no Brasil organizam cursos, eventos ou workshops, tornando-se comum nos meses de julho e agosto aglutinarem grandes eventos de capoeira no país, em função desta demanda.

> (...) A gente viaja o mundo todo falando uma mesma língua que é o português, que hoje em dia está difundindo no mundo todo através da capoeiragem.

> É legal né, saber que existem outras pessoas que não são brasileiras falando da capoeira, praticam a capoeira e falam da capoeira da gente aqui (...)
>
> Hoje em dia a capoeira está em tudo, em qualquer canto (...)
>
> E hoje a coisa está mais técnica, a capoeira foi parar nas universidades nos asilos, em toda .... está em todos os setores da sociedade (...)
>
> Ela está modificando os países árabes, muçulmanos, onde muitas pessoas de várias religiões conseguem treinar juntas.
>
> Tivemos a chance de ir pra Israel, e tinha uma roda de capoeira que estavam jogando os árabes e os judeus se abraçando, sorrindo, e é um povo que se matam, e na roda de capoeira estavam se confraternizando (...)

O rito da capoeira parece envolver profundamente seus participantes, que durante a roda, esquecem-se as fronteiras, o credo, as diferenças para se unirem em torno do ritual. A energia da roda talvez seja responsável por unificar os praticantes em torno de outra ideologia, outra bandeira, a da capoeira. Aproximando o olhar, talvez esse poder aglutinador da capoeira esteja atualmente direcionado aos grupos e associações, com seus mecanismos e códigos de pertencimento. Não é raro integrantes de grupos diferentes entrarem em conflito na roda, talvez seja mais comum a disputa entre dois grupos distintos que entre pessoas de países e credos diferentes, tal a força de coesão nos atuais grupos de capoeira. As diferenças culturais entre árabes, judeus, alemães, cariocas e paulistas, tornam-se átonas pelo pertencimento ao mesmo grupo. Vejamos:

> Aquelas intrigas entre grupos, como existem em outras artes marciais (...) intrigas como adversidades entre grupos,

confrontos, certos tipos de brigas, não brigas dentro da roda, mas sim fora da roda, os problemas dentro da roda isso é normal, levar os problemas pra fora da roda isso que é o problema.

A continuidade desses conflitos fora da roda de capoeira extrapola o ritual, escapa de uma ética esportiva, em que os embates devem acontecer no "ringue", lugar destinado para tal, o que é da roda fica na roda:

> A gente não pode levar esse tipo de problema pra fora da roda, aconteceu algum problema dentro da roda acabou ali, apertou as mãos com se fosse dois amigos, não precisa levar isso pra fora da roda porque isso ninguém vai ganhar nada, só vai perder, não é ele e nem o outro e sim a capoeira, quem ver de fora duas pessoas se pegando, acha até feio, e pensa duas vezes antes de colocar os seus filhos na capoeira, se ela viu duas pessoas se digladiando.

> A capoeira é uma brincadeira de jogar apertar a mão e fechar tudo na roda.

> Tem um sinal que o mestre Mendonça me ensinou, que eu nunca esqueci, por que que dois capoeiristas apertam as mãos quando terminam de jogar? Ele quer dizer: ó termina aqui, esse é o sentido. Eu cumprimentava porque eu achava que era legal, se abraçava porque achava que foi bom, mas o sentido da capoeira não é esse, o sentido da capoeira é assim, hoje termina aqui, outra vez quem sabe vai ser diferente né...

As falas remetem as disputas entre grupos, que marcaram a capoeira carioca nos anos 1980 e 1990. Que não raro, tinham as diferenças que eram resolvidas em eventos festivos, batizados e até mesmo fora da roda, como vivenciamos algumas vezes em nossa trajetória. O aperto de mãos inicia e termina o jogo, sela um compromisso simbólico de aceitar o jogo, vale a observação que ao apertar as mãos o jogo já começou, exigindo esperteza dos jogadores para não serem surpreendidos, pois o cumprimento também pode se revelar uma artimanha. É uma premissa o bom capoeirista estar atento, esperar o momento certo para reagir ou correr atrás de algum tipo de prejuízo, muitas vezes jogar de novo. Essa é uma característica da capoeira, a imprevisibilidade, cada roda é uma nova história, cada jogo possui um enredo.

> *O novo entendeu? Com o pessoal que a gente já conhece ou o pessoal que nós não conhecemos, e passa a ser o novo uma surpresa inesperada (...) conhecemos todo mundo que está lá, chegamos e é como não chegasse ninguém, não conhecemos ninguém e de repente chegou um capoeirista (...)*

A imponderabilidade e a incerteza são características que expõem o capoeirista ao desafio, ao risco, ao perigo, remetendo à realidade da rua com todos seus mistérios. Porém, ao invés de intrigas e desavenças, os anseios dos "capoeiristas modernos" caminham nos sentidos de união, progresso e difusão da capoeira em diversos campos de atuação, sobretudo o esportivo.

> *Essa coisa de trocar porrada na roda, alimentar o ego, isso aí já foi, já não tem mais espaço pra isso, a capoeira avançou para um outro patamar (...)*

> *E eu acho que isso não deveria ser levado, apesar de existirem bastantes grupos, eu acho que o pessoal tem que pensar que a capoeira é um só grupo, tem que está todo mundo junto, até mesmo pra elevar o nome da capoeira, e um dia, se Deus quiser, ser reconhecido como um esporte olímpico*

> *Acho que a capoeira é uma bandeira, eu converso muito isso com o meu mestre, acho que temos que levantar essa bandeira, uma bandeira que temos que levantar com vontade,*

e não deixar essa bandeira cair por causa de segundos e terceiros, e vamos todos juntos que mais pra frente, se Deus quiser, vai se tornar uma potência olímpica.

Muitos capoeiristas creditam as brigas na capoeira à falta da cultura esportiva de campeonatos, a justificativa seria que, com as competições, as rivalidades ficariam restritas aos certames estaduais, regionais, nacionais etc, trazendo novos códigos para a modalidade, valores ligados a esfera esportiva. *"Eu escolhi a capoeira que quero praticar, gosto de campeonato, sempre gostei de campeonato acho que campeonato educa"*. Os valores ligados à rua, à informalidade, ao risco e à vertigem, dão lugar à casa ao controle, às regras e à segurança. É a presença do *Agon*, categoria do jogo descrita por Caillois (1990) que remete às regras formais, ao risco calculado das competições, enfim, ao esporte. *"É um desporto que eu acho que é maravilhoso é uma coisa nossa é uma arte marcial brasileira"*.

Com a presença da capoeira institucionalizada em todo o mundo, toma corpo um desejo por parte dos capoeiristas em ver a modalidade inserida nos jogos Olímpicos, *"capoeira é muito bom, eu acredito muito na capoeira entendeu, que pena que não está nas Olimpíadas porque poderia estar"*. A inclusão da capoeira como esporte olímpico é o principal anseio entre os capoeiristas que adotam esse modelo esportivo de campeonatos. Os campeonatos figuram na capoeira desde a década de 1960, estando presentes em alguns grupos e federações até os dias de hoje. Vejamos alguns modelos de campeonatos de capoeira encampados pela Federação Desportiva de Capoeira do Estado do Rio de Janeiro: a modalidade de conjunto, uma disputa para ver quem organiza a melhor roda, em que se avalia a organização e o desenvolvimento técnico dos integrantes; o torneio de duplas, em que se observa o sincronismo e técnica dos participantes; as disputas individuais com confrontos diretos, é a capoeira de contato, podendo acertar seu oponente; e a modalidade solo, em que se avalia a harmonia entre os movimentos acrobáticos, chamados de floreios e a execução técnica dos golpes.

Existem mestres e grupos de capoeira que não adotam o modelo de campeonatos por acreditar na capoeira como arte, cultura, não podendo estabelecer critérios para a disputa, ou mensurar pontos para o vencedor.

> *A Olimpíada acaba com toda a magia da capoeira, ela denigre a capoeira, ela faz dela uma coisa ruim, a capoeira é uma liberdade, as suas expressões são grandes, o juiz julgando uma capoeira não é capaz de entender o que é espiritualidade, e vira aquela luta de academia, soco pra cá e soco pra lá, e cadê a tradição, a ritualidade, e a capoeira lutou pela liberdade.*

Para estes capoeiristas a competição, além de descaracterizar o ritual da capoeira, se contrapõe a seus sentidos históricos, espirituais e sagrados, profanando o ritual que agrega valores de resistência, religiosidade e identidade ligada a um passado memorial. A capoeira hoje parece estar inserida na lógica dos resultados e dos rendimentos que pautam as competições esportivas, incentivando a busca por um melhor resultado, à custa, é claro de trabalho árduo, de treinamentos diários: *"porque eu treino duro pra poder jogar fácil"*. Na fala dos sujeitos, essa capoeira de hoje em dia, parece possuir novos códigos de pertencimento, novas maneiras de representação. Parece apontar para uma trama simbólica diferente daquela apontada pelos mestres de nossa pesquisa. A capoeira antiga parece cultuar seu passado, sua história, enquanto a de hoje aponta para uma nova configuração, consoante ao modo de produção imperante na contemporaneidade.

> *Na academia tudo é muito frio, as pessoas não se interessam por nada, as pessoas querem ser fortes, querem bater, querem cordel, eu nem uso isso. Querem cordel pra dizer que é mais na capoeira, na verdadeira capoeira ninguém é mais, aquele que você pensa que não ginga direito, ele ginga mais do que você, é porque ele tem um algo mais que*

> você não tem. E aquele lá da academia não, ele pensa, eu vou ter que chegar naquele cordel! Hoje em dia eu vou ter que ganhar muito dinheiro! A capoeira tem que me dar lucro! A capoeira não deu pra dar lucro pra ninguém não, a capoeira nasceu pra liberdade, e quando eu vejo essa briga aí, de capoeira nas Olimpíadas, é como o ditado que eu falo, cada um com o seu cada um, dê a César o que é de César.

Parece existir uma tensão entre os valores ligados a perpetuação do ritual e os valores imperativos à sociedade de consumo, se por um lado a capoeira entra na era da mercantilização, abrindo possibilidades de auferir ganhos a partir da comercialização de seus produtos, cordas, cordéis, uniformes e outros; por outro, pode estar se formando um contra discurso, uma tentativa de resistir à possível desfiguração de uma capoeira ligada a valores ancestrais. A expressão, "verdadeira capoeira", aponta para essa distinção entre a capoeira matizada pelo ritual e a capoeira moderna embevecida em valores capitais, profanos. Vale refletirmos que os discursos contrários à capoeira como esporte podem estar para além da ideologia, talvez em uma reserva de mercado, já que o cenário esportivo aponta para uma capoeira atlética, atrelada a um imaginário de juventude, vigor e força, atuantes na tentativa de quebra de recordes, vitórias e medalhas. Neste sentido os mestres mais antigos podem estar expressando uma preocupação em não poder participar e tão pouco manter o seu capital simbólico diante deste panorama. Neste sentido podemos trazer à baila o exemplo de que em muitas oportunidades, alguns capoeiristas que se identificam como pertencentes à área da cultura, e se dizem contra a corrente esportiva, procuram fomentos que se justificam sob o viés do esporte. Enquanto outros, que se representam como capoeiristas desportivos, por muitas vezes são patrocinados por leis e recursos que incentivam a cultura.

A capoeira de hoje em dia parece se distanciar da perspectiva histórica que funda traços do imaginário social dos mestres mais antigos. Ao serem perguntados sobre o que se aprende na capoeira e não se deve levar para o resto da vida, surgiram expressões ligadas à malandragem de outrora e os recursos utilizados para a sobrevivência e fruição na cidade do Rio de Janeiro. Características que aparecem tensionadas sobre diferentes sentidos. Vejamos essa malandragem de hoje em dia:

> A malandragem, porque se levar muita malandragem, pode se quebrar né. É mais fácil ser mais puro, deixar a vida levar e deixar de usar a malandragem, porque o capoeirista tem essa mania, todo mundo usa essa malandragem e é difícil achar um capoeirista que não é malandro.

> É isso que eu acabei de falar, essa malandragem, mas tem muitos que tem um trabalho legal, organizado, certinho. É capoeirista e falam, ihh é malandro. Mas tem profissional, mas tem muitos que acabam queimando o filme da capoeira.

Os atributos que outrora distinguiam os capoeiristas parecem contrastar com a capoeira esporte, organizada, técnica. A saga de *Guaiamus* e *Nagoas*, as aventuras de Prata-Preta, Manduca da Praia, Madame Satã e outros tantos malandros da nossa história, parecem não ser mais um código de pertencimento dos capoeiristas atuais, perdendo força simbólica nessa reinvenção da modalidade, ficando somente nos registros históricos. A malandragem cantada em verso e prosa nos sambas e cantigas antigas de capoeira parece não pertencer aos ditames dessa nova capoeira. Ouçamos seus praticantes, que lamentam essa faceta "obscura" da capoeira:

> A falsidade, por um jogo ser matreiro, pro jogo ser isso, a vida fica um pouco triste, e tem essa parte, é a falsidade, que a capoeira dá muito isso, por ela ser assim, porque ela nasceu assim, enganando, uma luta em forma de dança, isso não vai acabar nunca ... mas é a única coisa que me deixa triste.

As polissemias, malandragem, falsidade e *trairagem*, surgidas nos discursos dos nossos entrevistados podem nos remeter aos subterfúgios que os antigos capoeiras, e os malandros utilizavam para sobreviver e circular na sociedade carioca. Vender ratos criados em casa, aproveitando a campanha encampada por Oswaldo Cruz, vender gatos por lebres aos restaurantes inspirados na culinária francesa, jogar dados viciados, esconder a bolinha debaixo da unha, entre outras formas de lograr a outrem, constituíram o modo de ser e sentir o mundo do malandro. Porém, atualmente esses valores aparecem conflitantes, apontando um novo dever ser do capoeirista moderno. Essas polissemias indicam a tensão de valores ligados à capoeira antiga em contraste com os valores imperantes na capoeira moderna. Maldade, esperteza e logro foram armas utilizadas para sobreviver nas ruas do Rio de Janeiro, recursos exaltados e assimilados tanto por malandros, como pelos capoeiristas mais antigos, caracterizando seu jeito de ser. Hoje essas características parecem estar se distanciando dos capoeiristas:

> (...) hoje em dia isso não acontece porque, vou te dar um exemplo, esses dias eu vim andando por Pilares e tinha um mestre de capoeira sentado num bar de costas pra rua. Antigamente, quando a gente sentava num bar, a primeira preocupação que a gente tinha era, não vou dar as costas pra rua. Eu estava na calçada oposta, atravessei a Rua João Ribeiro, cheguei por trás dele, botei o guarda-chuva nas costas dele, então... isso não acontecia, hoje em dia os capoeira, como diz a gíria, dão mole.

Na perspectiva da capoeira esporte os valores ligados à rua parecem se afastar da malandragem de antigamente.

> A maldade, onde você aprende tanto nas academias, tanto nas rodas de capoeira e você não deve levar nessa vida, porque a capoeira é um esporte, um lazer, é felicidade, é alegria, levar maldade pra quê?

Os valores do esporte entram em desalinho com as premissas da malandragem, que se opõe ao Fair play, o jogo limpo, sem falcatruas, sem ilicitudes e sem trairagens.

> O termo que a gente usa na capoeira, a trairagem, eu acho que devemos saber medir os nossos atos, pra poder saber conviver aí no meio da sociedade.

Eis que surgem novos códigos que diferem dos apontados pelos mestres mais antigos, maldade e malandragem passam a ser atributos negativos aos novos praticantes. A expressão *trairagem* aparece emblemática na fala dos sujeitos que respondem como ela aparece na capoeira:

> Seria justamente essa falsidade, que eu citei antes, porque pra gente viver bem, a gente tem que saber chegar e saber sair, como a gente fala numa roda, saber chegar, pra poder sair bem, então é isso (...)

> A parte da traição né ...essa parte que você engana mais ali a pessoa, que o cara precisa ser mais verdadeiro ... acho que muita gente confunde a malandragem com trairagem, e não é bem assim.

A *trairagem* é um termo que lembra falsidade, traição deslealdade, remete também a uma espécie de peixe chamado traíra, carnívoro, habitante das regiões mais escuras em diversos rios e açudes do Brasil, é sempre um risco para o pescador retirar a traíra do anzol, pois é comum ela morder a mão dos menos experientes deixando sequelas como dores e sangramentos. O vocábulo "traíra" também é utilizado como gíria no Brasil para identificar o indivíduo traidor, que sorrateiramente age nas sombras, delatando, prejudicando seus colegas, ou traindo a confiança de alguém. Vejamos a *trairagem* na fala dos capoeiristas:

> É a traíragem... é aquela pessoa que faz um discurso, um discurso meio vago e você cai no conto do vigário lá... e ele vai te trair lá na frente, fingir que é seu amigo e não é seu amigo, fingir que é seu camarada e não é o seu camarada e isso é uma coisa ruim.

É praxe na roda um capoeirista levar o outro ao engano, fintar um movimento para um lado e voltar com o outro, às vezes simular uma contusão, uma situação aparentemente desfavorável e surpreender seu oponente com um golpe ou uma rasteira. Na esfera do jogo, Caillois (1990) nomeia esse tipo de artifício como *mimicry*, que expressa a capacidade de mascarar uma intencionalidade dentro do jogo. Porém, os sujeitos da pesquisa apontaram esses recursos utilizáveis apenas na roda, sendo condenado seu uso fora do contexto do jogo principalmente contra outros capoeiristas.

> A falsidade, a falsidade é uma coisa que o capoeirista... eu acho que a falsidade deveria existir só dentro da roda, a roda de capoeira ela é... o próprio jogo é pra enganar, é uma coisa falsa, e muitos capoeiristas, transportam isso pra sua própria vida, então é uma coisa que tem que estar longe dos capoeiristas.

> Eu só não gosto das falsidades que tem na capoeira (...)
> A falsidade ...nós sabemos que no meio da capoeira tem muito isso a falsidade (...)

> Eu acho que não deve ser levar a falsidade, a inimizade, o rancor (...)

> Essa falsidade é eu estar contigo agora aqui, depois sair daqui e falar mal, desejar o seu mal, ter inveja, isso que eu vejo que é falsidade.

As falas dos sujeitos apontam para uma ética em que o capoeirista admite a traição, o engano e o logro dentro da roda, porém ao extrapolar o espaço do ritual, ele parece sentir-se traído talvez nas suas ligações afetivas construídas simbolicamente a partir dos princípios fraternais desenvolvidos nas confrarias e irmandades ao longo da história. Afinal, o capoeirista passa por ritos que vão consolidando o pertencimento, desde o batizado até a formatura, ritos de iniciação e consagração criados pelo Mestre. Com o processo de institucionalização da capoeira e o panorama dos grandes grupos espalhados pelo mundo, é bastante comum alguns capoeiristas migrarem de um grupo para outro, se filiando a outros códigos e por muitas vezes, desmerecendo seus antigos mestres, enfraquecendo os laços profundos de ligação entre mestre e discípulo.

> A parte ruim é aquela parte de fofoca, o cara sempre está trocando de grupo, trazendo problema pro mestre (...)

> Hoje em dia não é mais assim, o cara já vai pra capoeira e é seu amigão hoje e amanhã não é mais, e vai pro outro grupo, esse grupo aqui é o bom, esse pessoal é meu amigo, e vai pra outro é meu amigo... E não tem mais essa afinidade (...)

> Na capoeira tem muito isso, você não faz, tem inveja das outras pessoas que fazem. E a falsidade é que você está perto, sugando aquilo ali, querendo aquilo ali... Aplica, e depois fala que não aprendeu nada ali (...)

> Eu acho que ele não deve levar a maledicência, aquele baixo astral que surge em algumas rodas, aquele carma ruim, essas coisas que ele deveria largar por lá, nem na roda ele deveria largar (...)

> Mágoas, aborrecimentos, inverdades e pessoas que não têm coragem de falar na sua cara aquilo que sente, então isso você tem... eu tento deixar isso de fora da minha vida.

Talvez esse seja o sentido de *trairagem* apontada por nossos entrevistados, trocar de grupo criticando o mestre que um dia lhe ensinou, traindo o grupo a que um dia já pertenceu. Na década de 1980 uma grande reclamação por parte dos mestres de capoeira era que os grandes grupos aceitavam componentes de outros menores para reforçar as suas fileiras. Vale ressaltar que essa disputa por alunos é retrato da lógica consumista imperante nas sociedades capitalistas, afinal os grandes grupos são hoje lucrativos para seus mestres, já que muitos cobram para permitir que usem sua marca, com maior quantidade de alunos aumentam os clientes que consomem camisas, abadas, CDs, DVDs, participam de cursos e de trocas de graduações, que são cobradas. Vejamos algumas cantigas de capoeira que retratam esse trânsito entre os grupos de capoeira:

> *Todo mestre tem uma experiência, que eu vou contar pra você, ele treina prepara o aluno, mas não ganha só faz é perder, dedicando toda sua vida, ensinando a razão e o porquê, mas o aluno é cobra criada, quando cresce só pensa em morder, não adianta meu camarada, não precisa nem esconder, seu orgulho é formar um aluno e o dele é pisar em você (...)*
> MESTRE MARTINS

> *Capoeira pula moita sem saber para onde vai, para mim é um filho perdido, sem destino a procura de um pai, esqueceu suas raízes e até quem lhe ensinou, pulando de grupo em grupo, querendo ser professor, olha aqui meu camarada, agradeça ao seu mestre e a capoeira que tu aprendeu. Assim como diz o velho ditado, nunca cuspa no prato que você comeu, ora vai, vai, vai, ora vem, vem, vem, capoeira que pula a moita nunca vai ser ninguém.*
> MESTRE BARRÃO

O mais interessante é que muitos dos mestres que criticam esse tipo de postura, também aceitam outros componentes no seu grupo. Os aspectos antes distintos atribuídos a malandragem parecem não pertencer a um mundo moderno e globalizado, se antes a capoeira era ensinada nos fundos de quintais, hoje ela está em espaços formais como escolas, clubes academias, universidades, projetos sociais, entre outros espaços. A fala dos sujeitos da pesquisa revela outros atributos bem distantes dos encontrados no universo da malandragem, vejamos:

> Não estamos nem precisando de mestres, mas sim de educadores, mas educadores temos muito pouco, mas se eu posso chamar de conselho, a primeira coisa que um capoeirista tem que fazer, tem que estudar (...)

> Um mestre, que ele seja um educador, porque se você for um educador na capoeira, nós vamos ter grandes capoeiristas.

> Que ele seja um bom educador, e não ser um grande jogador e não um lutador, o ideal seria agregar as duas coisas, hoje eu focaria a parte mais do educador (...)

> A minha visão é que daqui a alguns anos, quem não for formado em Educação Física, não vai dar mais aulas de capoeira, porque hoje a capoeira, o mestre que dá aula hoje, ele não pode ser só um puxador de treino, ele hoje ele tem que conhecer além da capoeira, anatomia, fisiologia, tem que ter um... Ele não pode só passar a parte da capoeira, então quando eu converso com algum desses garotos eu falo, estuda (...)

As falas caminham no sentido da profissionalização da capoeira desvelando a mudança de paradigmas, sobretudo no atendimento às questões que surgem a partir dessa nova conjectura. Outra demanda bastante visada entre os mestres, principalmente os líderes dos grandes grupos, é a formação de mais professores de capoeira, pois além de propagar o nome do mestre e de seu grupo nos seus locais de atuação, alimentam esse mercado com pagamento de *royalties* e outros pró-labores, cobrados na maioria dos grupos de capoeira na atualidade. Este panorama nos coloca frente à discussão sobre a profissionalização da capoeira e os conflitos surgidos a partir de interdições impostas pelos sistemas CREF/ CONFEF (Conselhos regionais e federal de Educação Física). A lei 9.696 de primeiro de setembro de 1998, assinada pelo então Presidente da República, Fernando Henrique Cardoso, regulamenta a profissão de educação física, garantindo uma reserva de mercado e instituindo esse profissional de plenos poderes para organizar, promover, incentivar, ensinar e fiscalizar todas as áreas das atividades físicas e do desporto. Começa um grande impasse para delimitar o campo de atuação desta "nova" profissão. Em uma participação no simpósio sobre ética realizado pelo CONFEF, em 1999, pudemos perceber esse momento de indefinição, desconhecimento sobre especificidades de atividades como o jongo, capoeira e outras lutas marciais, além de uma preocupação por uma reserva de mercado que se define anos depois a partir da resolução[118] CONFEF número 046/2002. Durante as discussões no simpósio, tivemos contato com uma frase que ex-

---

[118] Art. 1º — O Profissional de Educação Física é especialista em atividades físicas, nas suas diversas manifestações — ginásticas, exercícios físicos, desportos, jogos, lutas, capoeira, artes marciais, danças, atividades rítmicas, expressivas e acrobáticas, musculação, lazer, recreação, reabilitação, ergonomia, relaxamento corporal, ioga, exercícios compensatórios à atividade laboral e do cotidiano e outras práticas corporais —, tendo como propósito prestar serviços que favoreçam o desenvolvimento da educação e da saúde, contribuindo para a capacitação e/ou restabelecimento de níveis adequados de desempenho e condicionamento fisiocorporal dos seus beneficiários, visando à consecução do bem-estar e da qualidade de vida, da consciência, da expressão e estética do movimento, da prevenção de doenças, de acidentes, de problemas posturais, da compensação de distúrbios funcionais, contribuindo ainda, para consecução da autonomia, da autoestima, da cooperação, da solidariedade, da integração, da cidadania, das relações sociais e a preservação do meio ambiente, observados os preceitos de responsabilidade, segurança, qualidade técnica e ética no atendimento individual e coletivo (www.confef.org.br, 02 de dezembro de 2011)

pressa uma reserva de mercado exacerbada no campo da educação física e cultura, "mexeu e não está doente, é com a gente", aplaudida copiosamente pela maioria dos presentes.

Esta fala nos parece tão equivocada quanto arbitrária, no sentido de desconsiderar as manifestações culturais, religiosas e artísticas presentes no universo brasileiro. O que dizer do samba, do frevo, do jongo, da dança dos Orixás na Umbanda e no Candomblé, e da própria capoeira em seus rituais. Nesta mesma época, no ano de 2001, fomos chamados para participar de um fórum de mestres de capoeira no Rio de Janeiro, na quadra da escola de samba Tradição. O argumento utilizado por alguns mestres para desvincular a capoeira da Educação Física foi justamente as interfaces da capoeira com a cultura, sobretudo na religiosidade e ritual. Porém, observamos que o atual modelo com campeonatos, treinos coletivos, muitas vezes com resistência, uniformes, entre outros símbolos esportivos, aproximam a capoeira dos parâmetros estabelecidos pelo CREF/CONFEF:

> Veja bem, hoje tem muitos golpes, golpes não, movimentos, que vieram de ginástica olímpica, ginástica rítmica e uma série de coisas, e outras artes marciais. A capoeira antigamente era perigosa, hoje em dia não está perigosa, ela pensa que está perigosa, então ela tem que resgatar os golpes antigos, até que a gente deixou de ensinar, porque era perigoso, causava a morte, todo mundo sabia que causava lesão, mas tem que saber pra quem vai ensinar essas coisas, por que a arte não pode morrer, por que o mundo dá volta (...)

Essa desportivização da capoeira parece colocar a modalidade na esfera de atuação do conselho enfraquecendo a própria ingerência e autonomia da capoeira. A presença dos movimentos de outros esportes, além de descaracterizar a capoeira enfraquece sua letalidade, principalmente para os enfrentamentos fora da roda, na vida.

Considerações Pós Volta ao Mundo

Meu chapéu do lado tamanco arrastando
lenço no pescoço, navalha no bolso
eu passo gingando provoco e desafio
eu tenho orgulho de ser tão vadio
sei que eles falam desse meu proceder
eu vejo quem trabalha andar no miserê (...)

Os versos do samba de Wilson Batista retratam o imaginário que nos moveu a investigar as relações entre a malandragem e a capoeira; símbolos como navalha, lenço de seda, chapéu, entre tantos outros, são comuns aos dois grupos em questão, nos motivando a compreensão desta produção imaginária atrás dos passos do urubu malandro. Ao buscarmos a figura do malandro, nos deparamos com a realidade do regime escravocrata no Brasil e seus reflexos nos mercados de trabalho formais e informais. Neste sentido, observamos que para o negro não existia diferença entre sua condição escrava e os anos que sucederam a abolição. As normas contratuais continuavam escritas em letras escarlates, mediadas pelo chicote do capataz ou o pelourinho do capitão do mato. Esta situação afastava os negros, agora livres, do trabalho, que mais denegria do que exaltava.

Com isso, os imigrantes são solicitados para reconstruir o Brasil, um manancial de oportunidades que atrai inúmeros estrangeiros ao paraíso dos trópicos, a terra prometida, onde tudo que se planta dá. Ao negro restava o purgatório, criando estratégias para sobrevivência bem longe dos maus tratos que o acompanham desde nascença. Surgem os maus andarilhos, perambulando nos interstícios em colisão à formalidade que tanto os reprimira. Ao invés de buscar o enquadramento ao trabalho, os negros (e outros que viriam se agregar) fazem do Rio de Janeiro seu reduto, se aprimorando no uso da navalha, das rasteiras e cabeçadas. São os capoeiras, que aglomerados em Maltas, levam pânico às ruas do Rio de Janeiro, causando uma perseguição implacável que culmina na prisão e desmantelamento desses grupos marginais.

A capoeira passa a ser encontrada nos ambientes festivos do samba, Tia Ciata e as tias baianas da Pequena África, foram verdadeiras fortalezas culturais que garantiram a vida da voz negra, a perpetuação da gestualidade e da religiosidade africana no Brasil. Os feitos da capoeiragem passam a ser descritos nos sambas cantados pelos bambas da Saúde e da Gamboa. Começa a se cristalizar no imaginário carioca, o malandro, mau andarilho, descendente de escravo que fugiu e foi repelido do mercado de trabalho formal, recorrendo à ginga de *Guaiamus* e *Nagoas* para sobreviver nas ruas, utilizando subterfúgios nada lícitos para auferir vantagens financeiras em pessoas pouco maliciosas.

Com o advento da República e as reformas encampadas por Pereira Passos, os negros do Rio de Janeiro passam a ocupar os morros da cidade, abrindo uma cisão que perdura até os dias de hoje entre morro e asfalto. É nesse palco que o malandro começa a figurar, elegante, com terno branco, lenço vermelho no pescoço, relembrando as duas famosas Maltas cariocas, *Guaiamus* e *Nagoas*. Na ponta da língua um discurso envolvente, arma utilizada tanto para facilitar suas ações ilícitas, quanto para atrair o universo feminino, para este personagem o fio da navalha é sedutor, estabelecendo uma ética singular e uma tênue fronteira entre o bem e o mal fazer.

Uma alegoria desse malandro é Zé Pilintra, que com sua ginga e malícia, simboliza essa capoeira, seu Zé aparece como uma figura mítica ligada à malandragem e seu espaço sagrado, o bairro da Lapa. Seja na figura de Prata Preta, Manduca ou Madame Satã, o malandro parece representar uma construção, que personifica a figura emblemática de Zé Pilintra no imaginário carioca. A roupa branca e larga permitindo o uso do corpo nas refregas da vida é retratada em várias passagens por nós mostradas. Nas músicas populares, poesias, crônicas, entre outras produções, malandros e capoeiras se confundem, ou nos confundem, não se deixando apreender por inteiro. Com as interdições impostas por Vargas, chega ao fim o gingado dos malandros nas ruas da Lapa, a capoeira se muda para a Zona Sul e as noites da Lapa entram para algum lugar na nossa imaginação. A capoeira malandra parece adormecer, abrindo caminho para uma embrionária capoeira esportiva, regrada e metodizada. O personagem que parece estabelecer um elo entre a capoeira marginal e a capoeira esporte é Ciríaco, vencedor do primeiro desafio entre diferentes lutas (Vale Tudo) brasileiro. É claro que Ciríaco utilizou-se de recursos que atentariam às regras esportivas dos atuais MMAs, porém são artifícios próprios de quem precisou vender gato por lebre para poder sobreviver às intempéries vividas pelos negros no Rio de Janeiro, mais uma vez, a treta subvertendo a letra.

Ao analisarmos as entrevistas dos mestres e professores de capoeira, os discursos desvelam um universo simbólico que alude à própria história da modalidade no Brasil, repleta de personagens anônimos, sobreviventes no ritual da capoeira e na gestualidade empregada na roda. Ao seguir essas pistas buscamos compreender e explicitar sua relação com a exterioridade, assim como as condições em que são produzidos. No ritual da capoeira o berimbau emerge como catalizador das energias circulantes na roda e mobilizador dos sujeitos ao rito, passaporte sagrado que conduz o capoeirista à roda. Com sua melodia dolente, aparece como elo entre o *Orun* e o *Aiê*, transportando quem escuta a um mundo imemorial, talvez a *Aruanda* morada mítica dos Deuses africanos. Os descumprimentos dos preceitos podem desarmonizar a roda causando tensões e conflitos, notórios pra os capoeiristas envolvidos de corpo e alma no ritual da capoeira. A falta do *axé* pode ser um sinal aparente de que algo vai mal e pode resultar em brigas e confusões na roda.

A entrega de corpo e alma aparece como imperiosa condição para "ser capoeirista de verdade", superando os limites físicos do jogo, não se limitando a participação no ritual à performance na roda, mas à intensidade da entrega, determinante para a pulsão vital, alimentadora dos sujeitos. Essa energia parece assolar o capoeirista, lançando-o de encontro ao rito, numa espécie de transe também conhecido como *axé*. A energia desvelada na fala dos sujeitos se consubstancia no *axé* como sinal de positividade e harmonia nas rodas de capoeira. Há também um temor em se perder nos sinuosos caminhos do *axé* e não voltar ao linear reino de *Cronus*. O primeiro encontra o lúdico, a festa e a contemplação como contributos de uma pulsão de vida; no segundo está o compromisso, comandado pela formalidade e rigidez, norteado pelo relógio de pulso.

O ritual da capoeira parece constituir um sentido de familiaridade entre os capoeiristas remetendo, talvez, às confrarias e irmandades, que historicamente resistiram às intempéries da escravidão. Essa crença na consanguinidade é capaz de estabelecer uma ligação profunda nos atuais grupos de capoeira, apelando para uma construção imaginária de família, circundada também em uma aura espiritual que perpassa a saga vivida pelo povo africano no Brasil, consolidando um pertencimento a totalidade do grupo. Neste caminho, torna-se inequívoca uma relação entre os rituais religiosos de matrizes negras e a capoeira. Em ambos existem o sentido familiar, o transe, o *axé*, a mandinga e a condução para um mundo mítico imemorial, uma ponte entre o *Orun* e o *Aiê*.

Os laços de pertencimento fortalecem as redes invisíveis que garantem a coesão do grupo, aderindo novos adeptos e retendo os já participantes, num processo de dependência vital que muito supera a questão esportiva, e se apresenta extremamente importante para o sustentáculo de seus anseios, desejos e pulsões. Os preparativos, a roda e as confraternizações presentes no ritual agregam sentimentos que sacralizam a capoeira e os capoeiristas, remetendo à força da tradição.

Na capoeira do meu tempo, simbolizada pelos discursos dos mestres, há um "jeito de ser" incorporado ao capoeirista, mediatizando suas relações com o mundo a partir de sua gestualidade e de uma linguagem corporal que extrapola os limites da roda de capoeira, vindo a se amalgamar na imagem do malandro e tendo a ginga como seu principal recurso/adjetivo. Os discursos invariavelmente assinalam os códigos de indumentária da malandragem, que assumem ares emblemáticos para os antigos capoeiras. Esses símbolos representados pelas vestimentas, gestualidade e posturas no jeito de ser do malandro, são recorrentes no imaginário, permeando um conjunto de produções como o Exu Zé Pilintra e o personagem de Walt Disney Zé Carioca, alegorias de uma malandragem iniciada a partir da saga de *Guaiamus* e *Nagoas*.

A emergência da marca linguística "hoje em dia", nos discursos, apontou para os sentidos de uma capoeira moderna ou contemporânea. Se a descrição de um capoeirista de antigamente nos permitiu acesso memorial à história da modalidade e de seus personagens, atualmente parece existir uma imprecisão dos códigos de pertencimento remetendo a um cenário ilustrativo dos "tempos modernos". As falas dos mestres de capoeira desvelaram aspectos simbólicos que aludem à cultura afro-brasileira como, samba, malandragem, capoeira e Candomblé. Neste sentido parece então a haver um afastamento, um hiato entre a capoeira de antigamente e a capoeira de hoje em dia, que aparece circundada por valores técnicos e esportivos. Esta lacuna simbólica perpassa a religiosidade, indumentária e o ritual da roda, por vezes silenciado por alguns capoeiristas contemporâneos.

Os discursos acenam para uma mudança nos paradigmas da capoeira moderna, as calças largas, o chapéu de lado, o sapato bicolor, a composição corporal esguia herdados dos capoeiras e dos malandros, parecem somente habitar o imaginário dos mestres de antigamente, indicando uma nova configuração simbólica para os atuais praticantes da modalidade. Uma ruptura no paradigma da capoeira antiga, ritualizada e incorporada à sua história, acenando para uma prática atualmente, desportivizada e uniformizada, moldando os corpos malhados nas academias. Para além do jogo duro na roda, que legitimava o capoeira de ontem, outras competências se incorporam, tendo em vista a necessidade da inserção da capoeira nos ambientes formais de ensino, como escolas, clubes, academias e universidades, em que se impõe a figura do educador. Revisitemos Noel Rosa (1932) em resposta ao elogio à malandragem feito por Wilson Batista:

> *Deixa de arrastar o seu tamanco*
> *pois tamanco nunca foi sandália*
> *e tira do pescoço o lenço branco*
> *compra sapato e gravata*
> *joga fora essa navalha*
> *que te atrapalha*
> *com chapéu de lado deste rata*
> *da polícia quero que te escapes*
> *fazendo um samba canção*
> *já te dei papel e lápis*
> *arranja um amor e um violão*
> *malandro é palavra derrotista*
> *que só serve para tirar*
> *todo o valor do sambista*
> *proponho ao povo civilizado*
> *não te chamarem de malandro*
> *e sim de rapaz folgado*

Ao malandro resta esquecer mais uma vez a navalha e o lenço de seda, trocando o chapéu Panamá por um boné da moda, a calça de linho pelo esportivo *abadá*, se rendendo mais uma vez a uma tentativa de enquadramento. Porém, diferente da imposição capitaneada por Vargas, a capoeira parece estar assumindo ares contemporâneos, produtivistas, ansiando se tornar esporte olímpico. *Lócus* em que a técnica e organização desmistificam a figura sinuosa do malandro, de branco, camisa de seda, navalha e patuá, valorizando o uniforme, o corpo, o desempenho, a vitória e a medalha. Sob este prisma, a capoeira rompe com os paradigmas da malandragem para incorporar valores do esporte, uma transição do imaginário da rua para o imaginário da casa. Se antes o malandro ansiava a chegada da noite para sair às ruas, encontrar boas companhias e beber um bom trago, atualmente após a roda, é hora de repouso, afinal no outro dia, pode ser dia de treino ou de competição. Vejamos esse deslocamento no samba de Nelson Sargento: "(...) Inocente pé no chão, a fidalguia do salão, te abraçou te envolveu, mudaram, toda sua estrutura, te impuseram outra cultura e você não percebeu (...)".

Nesta transição de paradigmas a capoeira parece consumida pela lógica do consumo, capturada pelo mercado, enfraquecendo o ritual ligado a ancestralidade. Ao se afastar dessa tradição, entrando na lógica da mercantilização (inerente ao próprio fenômeno esportivo na contemporaneidade) a capoeira pode se afastar do *axé* e se aproximar do *aqué*[119]. Este contexto também produz um "novo" corpo do capoeirista, moldado pelos ditames de uma cultura da aparência, ostentando músculos hipertrofiados, definidos e porte atlético. Como alegoria deste corpo, emergiu na fala de um dos entrevistados, a imagem do personagem virtual Eddy Gordo, que materializa a representação de um capoeirista "de hoje em dia".

O Eddy é um personagem criado para um jogo eletrônico que simula um torneio de artes marciais com representantes de diferentes lutas no mundo, este personagem representa o Brasil neste cenário virtual. Na história, Eddy assiste o assassinato de seu pai e assume um crime que não era seu, para escapar dos assassinos. Na cadeia Eddy conhece um mestre de capoeira brasileiro e aprende com ele os segredos da luta, tornando-se um mestre na modalidade. A imagem do Eddy se apresenta forte, musculosa, com uma camisa que permite evidenciar sua forma física. Eddy aparece também de-

---
[119] Dinheiro na lingua Yorubá.

pilado e com um *piercing* na sobrancelha, nos remetendo a figura do metrossexual, homem que se preocupa com o aspecto visual, utilizando cosméticos, roupas da moda, frequentando academias e salões de beleza, em contraste com o protótipo do homem machista de antigamente. Vale resgatarmos uma fala de um entrevistado que endossa esta representação: "(...) *mas não com aquela imagem do início do século XIX, agora o capoeira é vaidoso, ele trata do corpo, ele trata da aparência, trata do dente, do cabelo, roupas bem alinhadas (...)*".

Não podemos deixar de aludir à história do Eddy que conhece na prisão o mestre que o ensinará a capoeira; este trecho explicita a tensão presente no universo da capoeira, entre a tradição histórica e a desportivização moderna, entre a transgressão da regra e os valores éticos atualmente defendidos, enfim, no jogo de imaginários em que se busca ocultar o passado da malandragem, da vadiagem, para explicitar o *fair play* atual. Interessante observar como os aspectos do capoeira de antigamente passam a macular uma representação atual do praticante, tornando-se a recíproca também verdadeira, e a ideia do corpo estetizado do capoeirista moderno aparece rejeitada pelos mais antigos. Mais uma vez, deixemos nossos sujeitos falarem:

> Hoje em dia o capoeirista, ele anda com as calças aparecendo as nádegas, ele anda sem camisa (...) se você me permite, eu não estou discriminando ninguém, no nosso tempo não se havia boiola jogando capoeira, hoje em dia você já vê uma roda de capoeira ééé... as pessoas diferente de quando a gente fazia capoeira, levando a coisa pra outro lado (...)

Em que pese algumas colocações sexistas e preconceituosas, atualmente a ideia do capoeirista valentão e desordeiro não possui ares condizentes com a sociedade formal, a figura do malandro parece se restringir a aspectos históricos da capoeira, que hoje se encontra em outros espaços que não a rua. Neste sentido, o "dever ser" do capoeirista deixa de estar relacionado à performance na roda, a indumentária ligada a seu passado nas maltas e outros atributos gestuais, o corpo ritualizado parece perder seus sentidos ligados à ancestralidade, ganhando novos sentidos e novas subjetividades consoantes com a contemporaneidade. A perda desses sentidos rituais pode enfraquecer a ligação profunda entre os capoeiristas transformando os discípulos em clientes e limitando o ritual da capoeira ao espaço do jogo. Afinal, é a eficácia do rito que garante essa dimensão mítica da capoeira, pois o rito não é movido por aspectos racionais, cerebrais, mas sim por questões emocionais liberadas pelo ventre, pelo coração.

Na construção simbólica sobre a malandragem, a rua aparece como *lócus* da informalidade, do não enquadramento, da transgressão, nas rodas de rua as regras são voláteis, às vezes ausentes, seguindo os imperativos da imponderabilidade e do risco. Mesmo a capoeira se enquadrando, se repaginando, se adequando aos espaços formais ela encontra sua outra face na rua, a face que não se enquadra que assegura a surpresa, o perigo a incerteza. É justamente no espaço da rua que emerge o mito *Exu,* imperioso na salvaguarda dos caminhos, ruas e encruzilhadas. Presente no espaço mítico da Lapa debochando do controle do Estado, debaixo do portal para a ludicidade, a festa, o gozo, a imponderabilidade. Vivo nas indumentárias dos malandros, o mito de *Exu* permite a traição, a trairagem, afinal uma de suas características é a dubiedade de caráter podendo ser altamente contraditório. Porém, a transição de valores dessa capoeira para a esportiva indica a passagem de *Exu* para outro mito, da rua para a casa, mudança do aspecto ritual e imponderável, para o cenário esportivo de espetacularização, mercadoria.

Neste aspecto, a capoeira precisa preencher outros espaços, estar presente em outros locais, demandando o surgimento do educador, aquele que detém o conhecimento e ética, a fim de impulsionar o crescimento da modalidade. Assim, *Exu* dá passagem ao mito de *Ogun*, deus africano da guerra, detentor do segredo dos metais, da caça e da agricultura, símbolo também do conhecimento. Ao ensinar o homem esse segredo *Ogun* alavanca o progresso da caça e principalmente a agricultura. No ritual da Umbanda *Exu* abre passagem para a chegada de *Ogun*, uma transição que parece se reatualizar nos discursos dos sujeitos da pesquisa apontando as características míticas presentes desde a indumentária e traços orgíacos dos malandros da Lapa, até a imponderabilidade e ambiguidade de caráter, condenados na perspectiva contemporânea de capoeira. A figura mítica de *Ogun* se apresenta no conhecimento técnico e instrumental, se consubstanciando no Orixá *Ogun Xoroquê*, que conserva a metade *Ogun* e metade *Exu*, materializando a ambiguidade, a maleabilidade e a impossibilidade de enquadrar e classificar a capoeira de forma unívoca.

Quanto ao capoeirista moderno, este parece caminhar em passos largos em direção ao universo esportivo, talvez em busca de novos códigos, novos paradigmas ou até mesmo uma busca inconsciente de uma malandragem perdida, esquecida nas lembranças de uma época que hoje parece ficar na história.

> *Eu só peço a Deus*
> *um pouco de malandragem*
> *pois sou criança e*
> *não conheço a verdade*
> *eu sou poeta e não aprendi a amar*
> CAZUZA E FREJAT

Mesmo sufocado entre os valores contemporâneos, *Exu* parece estar à espreita esperando para arrebatar quem ouve a melodia estonteante do berimbau. Encostado no lampadário da Lapa, Zé Pilintra guarda o portal para um universo lúdico reinado pelo *axé*, pela celebração e pelo gozo. No trânsito imaginário entre esses dois mundos existe o risco de perder-se na orgia e não achar o caminho de volta ao reino de *Cronus*. Existe o risco, porém é nele que pode habitar parte do prazer de transitar entre o gozo e o compromisso. Talvez o mesmo toque do berimbau que nos conduz a esse mundo lúdico possa nos trazer de volta à razão ou nos redimir dos pecados e nos deixar no paraíso eterno da vadiação. Se um dia o pecado original nos condenou a ganhar o pão com o suor do rosto, talvez o berimbau amenize esse banzo e nos leve de volta para *Aruanda*. Sentir o gosto do *axé*, fugir ao suplício do *tripalium*, viver o ritual, o hoje, a festa, o gozo, o suor pelo prazer.

Resta a recomendação, também, a nós educadores, de observarmos os ritos que ensinaram por tanto tempo os sentidos da vida ao homem, trabalhando na adesão voluntária do indivíduo ao aprendizado, possibilidades no campo educacional que podem diminuir o hiato apontado por Paulo Freire, entre a escola e o aluno. A capoeira, como experiência ritual pode ser uma alternativa para a retomada do sensível, para o arrebatamento ao mundo do conhecimento eivado de sentidos que signifiquem com profundidade os sujeitos, aderindo-os de forma prazerosa e significativa aos caminhos do conhecimento.

Referências Bibliográficas

ABBAGNANO, Nicola. Dicionário de filosofia, 4ª ed. São Paulo: Martins Fontes, 2000.
ABIB, Pedro Rodolpho Jungers. Capoeira Angola: cultura popular e o jogo dos saberes na roda. Campinas, São Paulo, Unicamp/CMU; Salvador: ed UFBA, 2005.
ABREU, Plácido de. Os Capoeiras. Rio de Janeiro: Tipografia da escola de Serafim Alves de Souza, s/d.
ABREU, Frede. O barracão do mestre Valdemar. Salvador, Zarabatana, 2003.
ALKMIN, Zaydan. Zé Pelintra: dono da noite rei da magia. Rio de Janeiro: Pallas, 1992.
ALMEIDA, Manuel Antônio de. Memórias de um sargento de Milícias. São Paulo: Escala 2005.
ALMEIDA, Marcelo Nunes. Roda de Bambas: etnografia de uma roda de capoeira. Trabalho de conclusão de curso. Rio de Janeiro, UGF, 2004.
A NOTÍCIA, Rio de Janeiro, 17 de maio, 1909.
ANDRADE, de Mário. Macunaíma: o herói sem nenhum caráter, 31ª ed. Belo Horizonte / Rio de Janeiro: Livraria Garnier, 2000.
Memória de um sargento de milícias: Introdução crítica para a edição de luxo da obra. São Paulo: Livraria editora Martins / Biblioteca de Literatura Brasileira, 1941.
ANNAES do Parlamento Brazileiro - Camara dos Srs. Deputados, terceira sessão Vigesima Legislatura de 1888 Volume I, Imprensa Nacional RJ 1888.
ANSART, Pierre. Ideologias, conflitos e poder. Zahar, 1978.
ARAÚJO, Paulo Coelho de. Abordagens sócio-antropológicas da luta/ jogo da capoeira. Instituto superior da Maia. Porto, 1997.
AREIAS, Almir das. O que é capoeira. São Paulo: ED Brasiliense, 1999.
A SEMANA, Rio de Janeiro, outubro, 1904.

AUGUSTO E JAGUAR. O melhor do Pasquim. Rio de Janeiro, ed Desiderata, 2006.
AULETE, Caldas. Dicionário contemporâneo da língua portuguesa, volume III. Rio de Janeiro, Ed Delta, 1968.
AZEVEDO, Aluísio. O Cortiço. São Paulo, O Globo, Click editora, 1997.
BACHELARD, Gaston. A poética do devaneio. São Paulo: Martins Fontes, 1988.
BACZKO, Bronislaw. Imaginação social. Enciclopédia Einande antropos-homem. Imprensa nacional, Portugal, 1985.
BADEN POWEL, Baden Powel à Paris. RGE, 1996.
BARBIERI, César. Um jeito brasileiro de aprender a ser. Brasília-DF: CIDOCA, 1993.
BARBOSA, Ruy, Excursão eleitoral ao Estado de São Paulo, Casa Garraux, São Paulo, 1909.
BARBOSA, Orestes. Bambambã. Rio de Janeiro: Secretaria municipal de cultura, 1993.
BARTHES, Roland. Michelet. São Paulo: Companhia das Letras, 1991.
BASTIDE, Roger. O Candomblé da Bahia: rito Nagô, São Paulo: Companhia das letras, 2001.
BENCHIMOL, Jaime Larry. Pereira Passos: um Haussmann tropical: a renovação urbana da cidade do Rio de Janeiro no início do século XX. Rio de Janeiro, secretaria municipal de cultura, turismo e esportes, 1992.
BENJAMIM, Walter. Obras escolhidas: Magia e técnica, arte e política. São Paulo: Brasiliense, 1996.
BIANCARDI, Emilia. Raízes musicais da Bahia, Salvador: Omar G, 2000.
BIGAZZI, Anna Rosa Campagnano. Italianos: história e memória de uma comunidade, São Paulo: Companhia Editora Nacional, 2006.
BRETAS, Marcos. A queda do império da navalha e da rasteira: a república e os capoeiras. Rio de Janeiro: Casa de Rui Barbosa, 1989. Mimeo.
BOGADO, Evaldo. Associação de capoeira Barravento. 8ª ed. Niterói: mimeo, 2002.
BOURDIEU, Pierre. O poder simbólico. 7ª ed. Rio de Janeiro: Bertrand Brasil, 2004.
BUARQUE, Chico. Ópera do Malandro, São Paulo: Polygram/Philips, 1979.
BURLAMAQUI, Annibal. Gymnástica Nacional (Capoeiragem) Methodizada e Regrada. Rio de Janeiro: Mimeo, 1928.

BRASIL, Código penal, 1890. Disponível em http: www. Senado. gov.br/legislação/listapublicacoes. Acesso em 14 de junho. 2009.
CAMPOS, Lima. KOSMOS, Revista Artistica, Scientifica e Literaria, rua da Assembleia, n. 62, Rio de Janeiro. Ano III, n. 3, março, 1906.
CAILLOIS, Roger. Le mythe et l'homme. Paris: Gallimard, 1938.
_____O Homem e o Sagrado. Lisboa, Edições 70, 1988.
_____Os jogos e os homens: a máscara e a vertigem. Lisboa, Cotovia, 1990.
CÂNDIDO, Antonio. Dialética da Malandragem: caracterização das Memórias de um sargento de milícias. São Paulo, Revista do Instituto de estudos brasileiros, nº 8, USP, 1970.
_____Os parceiros do Rio Bonito, 2ª ed. São Paulo: duas cidades, 1979.
CARVALHO, José Murilo de. Os bestializados. São Paulo: Cia das letras, 1987.
CASCUDO, Luis da Câmara. Dicionário do folclore brasileiro. 11ª Ed. São Paulo: Global, 2001.
CASSIRER, E. Linguagem e mito. Tradução de J. Guinsburg e Miriam Schnaiderman. São Paulo: Perspectiva, 1972.
CHALHOUB, Sidney. A guerra contra os cortiços: a cidade do Rio de Janeiro – 1850-1906. Campinas: UNICAMP/IFCH, 1990.
_____Cidade Febril: Cortiços e Epidemias na Corte Imperial. São Paulo: Companhia das Letras, 1996.
_____Trabalho, lar e botequim: o cotidiano dos trabalhadores no Rio de Janeiro da *belle époque*. 2ª ed. Campinas, São Paulo: Unicamp, 2001.
CHAVES, Simone Freitas. No labirinto dos espelhos: o corpo e os esteróides anabolizantes. Niterói, RJ: Nitpress, 2009.
CHEVALIER, GHEERBRANT. Dicionário de símbolos: mitos, sonhos, costumes, gestos, formas, figuras, cores, números. 18ª Ed. Rio de Janeiro: José Olympio, 2003.
CÓDIGO penal dos Estados Unidos do Brasil. Rio de Janeiro: AGCRJ, 1890.
COUTINHO, Afrânio; SOUSA, J. Galante de. Enciclopédia de literatura brasileira. São Paulo: Global; Rio de Janeiro: Fundação Biblioteca Nacional, Academia Brasileira de Letras, 2001.
CONDE, Bernardo Velloso. A arte da negociação: a capoeira como navegação social. Rio de Janeiro: Novas idéias, 2007.
COSTA, Emília Viotti da. Da senzala a colônia. 4ª ed. São Paulo: Fundação editora UNESP, 1998.
CUNHA, Marco Antonio. A chama da nacionalidade – ecos da guerra do Paraguai, Rio de Janeiro: Biblioteca do Exército; coleção General Benício, 2000.

D'ARAUJO, Maria Celina et all. Os Anos de chumbo: a memória militar sobre a repressão. Rio de Janeiro: Relume-Dumará, 1994.
DA COSTA, Emilia Viotti. A abolição. São Paulo: Global, 1982.
DA COSTA, Lamartine Pereira. Atlas do Esporte no Brasil. Rio de Janeiro: Shape, 2005.
DAMATTA, Roberto. O que faz o Brasil, Brasil. Rio de Janeiro: Rocco, 1986.
_____Carnavais malandros e heróis: para uma sociologia do dilema brasileiro. 6ª ed. Rio de Janeiro: Rocco, 1997.
DEALTRY, Giovanna. No fio da navalha: Malandragem na literatura e no samba. Rio de Janeiro: Casa da palavra, 2009.
DECÂNIO FILHO, Ângelo Augusto. Transe capoeirano: Um estudo sobre estrutura do ser humano e modificações do estado de consciência durante a prática da capoeira. Salvador: CEPAC, 2002.
DIAS, Luiz Sérgio. Quem tem medo da capoeira? Rio de Janeiro: Secretaria Municipal das Culturas, Departamento geral de documentação e informação cultural, Arquivo geral da cidade do Rio de Janeiro, Divisão de pesquisa, 2001.
DUMONTIER, Pascal. Lês Situationnistes et Mai 68 – theorie et pratique de la revolution (1966 – 1972). Paris: Éditions Ivrea, 1995.
DURST, Rogério. Madame Satã: com o diabo no corpo. 2ª ed. São Paulo: Brasiliense, 2005.
DO RIO, João. A alma encantadora das ruas: crônicas. São Paulo: 2ª ed. Martin Claret, 2009.
EDMUNDO, Luiz. O Rio de Janeiro do meu tempo. Rio de Janeiro: Conquista, 1957.
ELIADE, Mircea. Mito e realidade. São Paulo, Ed perspectiva, 1972.
_____O sagrado e o profano a essência das religiões. São Paulo: Martins Fontes, 1996.
FERNANDES, Florestan. A revolução burguesa no Brasil, Rio de Janeiro: Zahar, 1975.
FERRAZ, Mário de Sampaio. Subsídios para a biografia de Sampaio Ferraz. São Paulo: s/ed, 1952.
FERREIRA, Aurélio Buarque de Holanda. Novo Aurélio Século XXI: o dicionário da língua portuguesa. Rio de Janeiro: Nova Fronteira. 1999.
FERREIRA, Felipe. O livro de Ouro do Carnaval Brasileiro. Rio de Janeiro: Ediouro, 2005.
FERREIRA, Izabel. A capoeira no Rio de Janeiro: 1890-1950. Rio de Janeiro: Novas idéias, 2007.
FERREIRA, Nilda Teves. Cidadania: uma questão para a educação. Rio de Janeiro: Nova fronteira, 1993.

FOUCAULT, Michel. Vigiar e Punir: Nascimento da prisão. 18ª ed. Petrópolis: Vozes, 1987.
_____Microfísica do poder. 15ª ed. Rio de Janeiro: Edições Graal, 1979.
FURTADO, Celso. Formação econômica do Brasil, 34ª ed. São Paulo: Companhia das letras, 2007.
FRANÇA, Ana Laura de. SANTAS NORMAS: o comportamento do clero pernambucano sob a vigilância das Constituições Primeiras do Arcebispado da Bahia – 1707. Dissertação de mestrado, Programa de Pós-Graduação em História da Universidade Federal de Pernambuco, 2002.
FRANCO, Maria Sylvia de Carvalho. Homens livres na ordem escravocrata, 4ª ed. São Paulo: Fundação editora UNESP, 1997.
FREYRE, Gilberto. Casa Grande e Senzala: formação da família brasileira sob o regime da economia patriarcal. 34ª Ed. Rio de Janeiro: Record, 1998.
FRIGERIO, Alejandro. Capoeira de arte negra a esporte branco. Revista Brasileira de ciências sociais, v.4, n 10, 1989.
GADELHA, Regina Maria D`quino Fonseca. A lei de terras e a abolição da escravidão: capitalismo e força de trabalho no Brasil do século. São Paulo, Revista História, jan/jul. 1989.
GAZETA de Noticias, Jornal, 21 de maio de 1903.
GERSON, Brasil. História das ruas do RIO, 4ª ed. Rio de Janeiro: Livraria Brasiliana Editora, 1965.
GHIRALDELLI JUNIOR, Paulo. Educação física Progressista: a pedagogia crítico-social dos conteúdos e a educação física brasileira. 2ª ed. São Paulo: Edições Loyola, 1989.
GOTO, Roberto. Malandragem revisitada: uma leitura ideológica de "Dialética da malandragem". Campinas, São Paulo: Pontes, 1988.
GOULART, Maurício. A escravidão africana no Brasil, das origens à extinção do tráfico, 3ª ed. São Paulo: Alfa Omega, 1975.
GRACIE, Reila. Carlos Gracie: o criador de uma dinastia. Rio de Janeiro: Record, 2008.
GRIMM, Irmãos. Contos de Fadas. 4ª ed. São Paulo: Iluminuras, 2002.
HERMANNY, Rudolf. Rudolf Hermanny. Rio de Janeiro: Ediouro, 2003.
HOBSBAWM, Eric; TERENCE Ranger. A invenção das tradições. Rio de Janeiro: Paz e terra, 1984.
HOBSBAWM, Eric. Da Revolução Industrial Inglesa ao Imperialismo. 5a. ed. Rio de Janeiro: Forense Universitária, 2003.
_____Bandidos. São Paulo: Paz e terra, 2010.

HOLLOWAY, Thomas H. Polícia no Rio de Janeiro: repressão e resistência numa cidade do século XIX. Rio de Janeiro: Fundação Getúlio Vargas, 1997.
JAPIASSÚ, Hilton. Dicionário básico de filosofia. 3ª ed. Rio de Janeiro: Zahar, 1996.
JOÃO GRANDE. www.joaogrande.org/mestre.htm, acesso em 30/10/2011.
JÓRIO, Amaury; ARAUJO, Hiram. Escolas de samba em desfile: Vida, Paixão e Sorte. Rio de Janeiro: Poligrafica, 1969.
KOSMOS, Revista Artística, Científica e Literária. n. 62, Rio de Janeiro. Ano III, n. 3, março, 1906.
KOWARICK, Lúcio. Trabalho e vadiagem: A origem do trabalho livre no Brasil. São Paulo: Brasiliense, 1987.
LAFARGE, Paul. O direito à preguiça. São Paulo: Huicitec, Unesp: 1999.
LAMOUNIER, Maria Lucia. Da escravidão ao trabalho livre: a lei de locação de serviços de 1879. São Paulo: Papirus, 1988.
LACÉ, André Luiz. A volta do mundo da capoeira. Rio de Janeiro: Coreográfica editora e gráfica, 1999.
LAROUSSE cultural. Dicionário da língua portuguesa. São Paulo: Universo, 1992.
LE BRETON, David. A Sociologia do corpo. 2ª Ed. Petrópolis: Vozes, 2007.
LE GOFF, Jacques *et alii*. La Nouvelle Histoire. Paris: CEPL, Retz: 1978.
LEFEBVRE, Henry. O direito à cidade. São Paulo: Moraes, 1991.
LÉVI-STRAUSS, Claude. Antropologia Estrutural. Rio de Janeiro: Tempo Brasileiro, 1989.
LEWKOWICZS, Ida, Horacio Gutiérrez, Manolo Florentino. Trabalho compulsório e trabalho livre na história do Brasil. São Paulo: UNESP, 2008.
LIGIÉRO, Zeca. Malandro divino: a vida e a lenda de Zé Pelintra, personagem mítico da Lapa Carioca. Rio de Janeiro: Record, 2004.
LIMA, Mano Manoel Cordeiro. Dicionário de capoeira. 2ª ed. Brasília, Ed. do autor, 2006.
LOBATO, Monteiro. A onda verde: Jornalismo. São Paulo: Ed São Paulo, 1921.
LOBO, Eulalia M.L. História de Rio de Janeiro: do capital comercial ao capital industrial e financeiro. Rio de Janeiro: Ibmec, 1978, 2 vols.
LOCKE, Jonhn. Segundo tratado sobre o governo. 3ª ed. São Paulo: Abril cultural, 1983.

LOPES, Nei. O negro no Rio de Janeiro e sua tradição musical: partido-alto, calango, chula e outras cantorias. Rio de Janeiro: Pallas, 1992.

_____Enciclopédia brasileira da diáspora africana. Rio de Janeiro: Summus, 2004.

_____Partido Alto: samba de bamba. Rio de Janeiro: Pallas, 2008.

LOURENÇO, Ricardo. Bandeira, porta-bandeira e mestre-sala: elementos de diversas culturas numa tríade soberana nas escolas de samba carioca. Textos escolhidos de cultura e artes populares, Rio de Janeiro, V.6, nº 1, 2009.

LUND e SALLES. Notícias de uma guerra particular. Rio de Janeiro: Documentário, 1999.

MAFFESOLI, Michel. A contemplação do mundo. Porto Alegre: Artes e Ofícios, 1995.

_____A transfiguração do político: A tribalização do mundo. Porto Alegre: Sulina, 1997.

_____A Sombra de Dionísio: Contribuição a uma sociologia da orgia. 2ª Ed. São Paulo: Zouk, 2005.

MANDINGA em Manhattan. Cultura marcas, 2006.

MARINHO, Inezil Penna. A ginástica Brasileira: Resumo do projeto geral. Brasília: Mimeo, 1981.

Subsídios para o estudo da metodologia do treinamento da capoeiragem. Rio de Janeiro, Imprensa Nacional, 1945.

MARTINS, Eduardo. Os pobres e os termos de bem viver: novas formas de controle social no Império do Brasil. Dissertação de Mestrado em história política. Universidade Estadual Paulista, Faculdade de Ciências Letras, 2003.

MARTINS, Luis. Noturno da Lapa. 4ª Ed. Rio de Janeiro: José Olympio, 2004.

MARX, Karl. O capital - crítica da Economia Política. Livro I - Vol. 1. Rio de Janeiro: Civilização Brasileira, 1968.

MATOS, Claudia Neiva de. Acertei no Milhar: malandragem e samba no tempo de Getúlio. Rio de Janeiro: Paz e terra, 1982.

MAUSS, Marcel. Sociologia e Antropologia. Vol 2. São Paulo: EPU, 1974.

MENDES, Marcília Luzia Gomes da Costa. A malandragem no imaginário nacional: um estudo sobre a construção do personagem Zé Carioca e suas relações com a cultura brasileira. Belo Horizonte, Minas Gerais: INTERCOM – Sociedade brasileira de estudos interdisciplinares da comunicação. XXVI Congresso Brasileiro de ciências da comunicação, 2003.

MCNALLY, Rand & CO, pictures by Milo Winter. The Aesop for children. Chicago, 1919.
MOURA, Clovis. Dicionário da escravidão negra no Brasil. São Paulo: Editora da universidade de São Paulo, 2004.
MOURA, Jair. A capoeiragem no Rio de Janeiro através dos séculos. 1ª Ed. Salvador: JM Gráfica e editora, 2009.
MOURA, Roberto. Tia Ciata e a pequena África no Rio de Janeiro. 2ª Ed. Rio de Janeiro; secretaria municipal de cultura: 1995.
MORAES FILHO, Alexandre Mello. Festas e tradições populares do Brasil. Rio de Janeiro: Technoprint, sd.
MOREIRA, Jorge Felipe Fonseca. Arte, Magia e Malandragem: o imaginário cantado nas rodas de capoeira. Dissertação de mestrado. Rio de Janeiro: PPGEF/UGF, 2007.
NASCENTES, Antenor. Dicionário da língua portuguesa da academia brasileira de letras. Rio de Janeiro: Bloch, 1988.
NESTOR CAPOEIRA. Capoeira: Os fundamentos da malícia. 3ª ed: Rio de Janeiro, Record, 1997.
NINA RODRIGUES, Raimundo. Os africanos no Brasil. 8ª ed. Brasília: Editora Universidade de Brasília, 2004.
NORONHA, Luiz. Malandros: notícias de um submundo distante. Rio de Janeiro: Relume Dumara: prefeitura, 2003.
O D C. Guia do capoeira ou Gymnástica Brazileira. 2ª Ed. Rio de Janeiro: Livraria Nacional, 1907.
O Careta, Rio de Janeiro, agosto de 1920.
O DIA, Jornal. 15/01/2008.
OGBEBARA, Awofá. Igbadú: a cabaça da existência: mitos Nagôs revelados. Rio de Jjaneiro: Pallas,1998.
OLIVEIRA, Waldemar. Frevo, Capoeira e Passo. Recife, PE: CEPE, 1971.
O Malho, Rio de Janeiro, maio de 1909.
ORLANDI, Eni Puccinelli. As formas do silêncio: no movimento dos sentidos. 2ª ed. Campinas, SP: Editora da UNICAMP, 1993.
_____Análise de discurso: princípios e procedimentos. 6ª Ed. Campinas: Pontes, 2005.
PASSOS NETO, Nestor Sezefredo. Jogo corporal e comunicultura. Rio de Janeiro: Tese de doutorado, Escola de Comunicação da UFRJ, 2001.
PAGODINHO, Zeca. Deixa clarear. Universal, 2003.
PIRES, Antônio Liberac Cardoso Simões. Bimba, Pastinha e Besouro de Mangangá: três personagens da capoeira baiana. Tocantins/ Goiânia: NEAB/ Grafset, 2002.

Culturas circulares: a formação histórica da capoeira contemporânea no Rio de Janeiro. Curitiba: Editora Progressiva, 2010. Salvador: Fundação Jair Moura, 2010.
PEDERNEIRAS, Raul. Geringonça carioca. 2ª ed. Rio de janeiro, Briguiet, 1946.
PLATAS TASENDE, Ana Maria. Diccionario de términos literarios. Madrid: ESPASA - CALPE, 2007.
RASPANTI, Márcia. Vestindo o corpo: breve história da indumentária e da moda no Brasil, desde os primórdios da colonização ao final do Império in DEL PRIORI, Amantino (org). História do corpo no Brasil. São Paulo: Unesp, 2011.
REGO, Waldeloir. Capoeira angola um ensaio sócio-etnográfico. 1ª ed. Salvador, BA: Itapuã coleção baiana, 1968.
REIS, Letícia Vidor de Souza. O mundo de pernas para o ar: a capoeira no Brasil. São Paulo: Publisher Brasil, 2000.
RIBEIRO, Darcy. Intérpretes do Brasil. Texto & imagem, 2002.
ROCHA, Gilmar. Navalha não corta seda: estética e performance no vestuário do malandro. Tempo - Revista do departamento de história. Niterói: UFF, Vol. 10, 2006.
ROCHA, Oswaldo Porto. A era das demolições: Rio de Janeiro: 1870 – 1920. Rio de Janeiro, Secretaria municipal da cultura, 1995.
SACHS, Curt. The History of musical instruments. New York, 1940.
SALVADORI, Maria Ângela Borges. Capoeiras e malandros: pedaços de uma sonora tradição popular (1890 – 1950). Dissertação de mestrado. Campinas, UNICAMP, 1990.
SANTUCCI, Jane. Cidade Rebelde: as revoltas populares no Rio de Janeiro no início do século XX. Rio de Janeiro: Casa da palavra, 2008.
SERRANO, Carlos. História e Antropologia na Pesquisa do mesmo Espaço: a Afro-América, in África: Revista do Centro de Estudos Africanos da USP, 5, 1982
SHAFFER, Kay. O berimbau de barriga e seus toques. Monografias folclóricas – 2, Instituto nacional de folclore, 1977.
SOARES, Antônio Jorge Gonçalves. Futebol, malandragem e identidade. Vitória: SPDC/UFES, 1994.
SOARES, Carlos Eugênio Líbano. A negregada instituição: os capoeiras no Rio de Janeiro 1850-1890. Rio de Janeiro: Secretaria Municipal de Cultura, 1994.
_____Dos fadistas e galegos: os portugueses na capoeira. Análise social, Vol XXXII, 142, (3º), 685-713, 1997.
_____A capoeira escrava e outras tradições rebeldes no Rio de Janeiro (1808-1850). Campinas: editora da UNICAMP, 2001.

SOARES, Carmem Lucia. Educação física: raízes européias e Brasil. Campinas, SP: Autores associados, 1994.
SODRÉ, Muniz. Capoeira e identidade. In: José Eduardo F de S e Silva (org.). Esporte com identidade cultural. Brasilia: INDESP, 1996.
SODRÉ, Muniz. Samba o dono do corpo. 2ª Ed. Rio de Janeiro: Mauad, 1998.
_____Mestre Bimba: Corpo de mandinga. Rio de Janeiro: Manati, 2002.
STANLEY J, Stein. Vassouras: um Município brasileiro do café, 1850-1900. Rio de Janeiro: Nova fronteira, 1990.
TAVARES, Julio César de Sousa. Dança da guerra: arquivo - arma. Dissertação de mestrado. Brasília, 1984.
TONINI, Renato Neves. A Arte Perniciosa: a repressão penal aos capoeiras na república velha. Rio de Janeiro: Lúmen Júris, 2008.

Lima, Marcus, Vala, J. Racismo e democracia racial no Brasil. In J. Vala, M. Garrido e P. Alcobia (Eds.), Percursos da Investigação em Psicologia Social e Organizacional. Lisboa: Edições Colibri, 2004.

VAZ, Lucio. A ética da malandragem. São Paulo: geração editorial, 2005.
VERGER, Pierre Fatumbi. Du regard détaché à la connaissance initiatique. Paris: Maisonneuve et Larose, 2007.
VENTURA, Zuenir. Cidade partida. São Paulo: Companhia das Letras, 1994.
VIGARELLO, Georges. Le sain et le malsain: Santé et mieux-être depuis le Moyen Age. Paris: Éd Seuil, 1993.
YUZAN, Daidoji. Bushido- O Código de Honra do Samurai-, São Paulo, editora Madras 2003.

Sobre o autor

Jorge Felipe Columá é mestre de capoeira, Doutor em Educação Física com pós-doutorado em Artes. Professor de capoeira concursado para o estado do Rio de Janeiro (FAETEC). Docente do curso de Educação Física – UNISUAM. Coordenador pedagógico do Instituto Irmãos Nogueira. Criador e coordenador do Curso Superior de Capoeira pela UGF. Diretor de ensino da confederação brasileira de MMA desportivo. Membro do Grupo de Trabalho da Salvaguarda da Capoeira no RJ – IPHAN. Professor de capoeira na Vila Olímpica / SME.

Saiba mais sobre o autor nas redes sociais
@mestrecoluma

da NAVALHA ao BERIMBAU

Capoeira e Malandragem no Rio de Janeiro

Uma publicação da Arole Cultural

Acesse o site
www.arolecultural.com.br